中华人民共和国
产品质量法

注释本

法律出版社法规中心 编

·北京·

图书在版编目（CIP）数据

中华人民共和国产品质量法注释本／法律出版社法规中心编. --4版. --北京：法律出版社，2025.（法律单行本注释本系列）. -- ISBN 978-7-5197-9661-7

Ⅰ. D922.292.5

中国国家版本馆 CIP 数据核字第 20244UW041 号

中华人民共和国产品质量法注释本
ZHONGHUA RENMIN GONGHEGUO
CHANPIN ZHILIANGFA ZHUSHIBEN

法律出版社法规中心 编

责任编辑 张红蕊
装帧设计 李 瞻

出版发行	法律出版社	开本	850毫米×1168毫米 1/32
编辑统筹	法规出版分社	印张	5.375　字数 145千
责任校对	陶玉霞	版本	2025年1月第4版
责任印制	耿润瑜	印次	2025年1月第1次印刷
经　　销	新华书店	印刷	北京盛通印刷股份有限公司

地址：北京市丰台区莲花池西里7号（100073）
网址：www.lawpress.com.cn　　　　　销售电话：010-83938349
投稿邮箱：info@lawpress.com.cn　　　客服电话：010-83938350
举报盗版邮箱：jbwq@lawpress.com.cn　咨询电话：010-63939796
版权所有·侵权必究

书号：ISBN 978-7-5197-9661-7　　　　定价：20.00元

凡购买本社图书，如有印装错误，我社负责退换。电话：010-83938349

编辑出版说明

现代社会是法治社会，社会发展离不开法治护航，百姓福祉少不了法律保障。遇到问题依法解决，已经成为人们处理矛盾、解决纠纷的不二之选。然而，面对纷繁复杂的法律问题，如何精准、高效地找到法律依据，如何完整、准确地理解和运用法律，日益成为人们"学法、用法"的关键所在。

为了帮助读者快速准确地掌握"学法、用法"的本领，我社开创性地推出了"法律单行本注释本系列"丛书，至今已十余年。本丛书历经多次修订完善，现已出版近百个品种，涵盖了社会生活的重要领域，已经成为广大读者学习法律、应用法律之必选图书。

本丛书具有以下特点：

1. 出版机构权威。成立于1954年的法律出版社，是全国首家法律专业出版机构，始终秉承"为人民传播法律"的宗旨，完整记录了中国法治建设发展的全过程，享有"社会科学类全国一级出版社"等荣誉称号，入选"全国百佳图书出版单位"。

2. 编写人员专业。本丛书皆由相关法律领域内的专业人士编写，确保图书内容始终紧跟法治进程，反映最新立法动态，体现条文本义内涵。

3. 法律文本标准。作为专业的法律出版机构，多年来，我社始终使用全国人民代表大会常务委员会公报刊登的法律文本，积淀了丰富的标准法律文本资源，并根据立法进度及时更新相关内容。

4. 条文注解精准。本丛书以立法机关的解读为蓝本，给每个条文提炼出条文主旨，并对重点条文进行注释，使读者能精准掌握立法意图，轻松理解条文内容。

5. 配套附录实用。书末"附录"部分收录了重要的与产品质量相关的法律、法规和司法解释，并附涉产品质量典型案例，使读者在使用中更为便捷，使全书更为实用。

需要说明的是，本丛书中"适用提要""条文主旨""条文注释"等内容皆是编者为方便读者阅读、理解而编写，不同于国家正式通过、颁布的法律文本，不具有法律效力。本丛书不足之处，恳请读者批评指正。

我们用心打磨本丛书，以期待为法律相关专业的学生释法解疑，致力于为每个公民的合法权益撑起法律的保护伞。

法律出版社法规中心

2024 年 12 月

目　　录

《中华人民共和国产品质量法》适用提要 …………… 1

中华人民共和国产品质量法

第一章　总则 ……………………………………… 5
  第一条　立法目的 ………………………………… 5
  第二条　适用范围 ………………………………… 6
  第三条　生产者、销售者内部产品质量管理责任 …… 7
  第四条　责任主体 ………………………………… 7
  第五条　禁止性条款 ……………………………… 8
  第六条　国家鼓励 ………………………………… 8
  第七条　政府职责 ………………………………… 9
  第八条　主管部门 ………………………………… 9
  第九条　工作人员职责 …………………………… 10
  第十条　检举和奖励 ……………………………… 11
  第十一条　市场准入 ……………………………… 12
第二章　产品质量的监督 ………………………… 12
  第十二条　产品质量检验 ………………………… 12
  第十三条　产品安全 ……………………………… 13
  第十四条　企业质量体系认证制度和产品质量认证
         制度 …………………………………… 14
  第十五条　质量监督抽查 ………………………… 15

第十六条　质量监督检查配合 …………………… 16
　　第十七条　质量不合格的处理 …………………… 17
　　第十八条　对涉嫌违法行为的查处 ……………… 18
　　第十九条　检验机构资格 ………………………… 19
　　第二十条　中介机构设立要求 …………………… 20
　　第二十一条　检验机构、认证机构的执业规则 …… 20
　　第二十二条　消费者的权利 ……………………… 21
　　第二十三条　保护消费者权益的社会组织的权利
　　　　　　　　　……………………………………… 22
　　第二十四条　产品质量状况公告 ………………… 23
　　第二十五条　推荐禁止及经营禁止 ……………… 23
第三章　生产者、销售者的产品质量责任和义务 ……… 23
　第一节　生产者的产品质量责任和义务 …………… 23
　　第二十六条　生产者的产品质量责任 …………… 23
　　第二十七条　标识要求 …………………………… 25
　　第二十八条　特殊产品包装要求 ………………… 26
　　第二十九条　不得生产淘汰产品 ………………… 27
　　第三十条　不得伪造产地、厂名、厂址 ………… 27
　　第三十一条　不得伪造、冒用质量标志 ………… 27
　　第三十二条　生产产品的禁止性规定 …………… 28
　第二节　销售者的产品质量责任和义务 …………… 29
　　第三十三条　进货检查验收 ……………………… 29
　　第三十四条　产品质量保持 ……………………… 29
　　第三十五条　不得销售的产品 …………………… 30
　　第三十六条　标识要求 …………………………… 30
　　第三十七条　不得伪造产地、厂名、厂址 ……… 31
　　第三十八条　不得伪造、冒用质量标志 ………… 32

第三十九条　销售产品的禁止性规定 …………… 32
第四章　损害赔偿 …………………………………… 33
　　第四十条　销售者产品合同责任 ………………… 33
　　第四十一条　生产者责任承担情形 ……………… 34
　　第四十二条　销售者责任承担情形 ……………… 35
　　第四十三条　产品损害赔偿责任的承担 ………… 36
　　第四十四条　赔偿范围 …………………………… 36
　　第四十五条　诉讼时效 …………………………… 37
　　第四十六条　缺陷的含义 ………………………… 38
　　第四十七条　产品质量民事纠纷处理 …………… 39
　　第四十八条　委托质检 …………………………… 39
第五章　罚则 ………………………………………… 40
　　第四十九条　违反安全标准规定的处理 ………… 40
　　第五十条　掺假等的处理 ………………………… 41
　　第五十一条　生产、销售明令淘汰产品的处理 … 41
　　第五十二条　销售失效、变质产品的处理 ……… 42
　　第五十三条　伪造产地、厂名、厂址的处理 …… 43
　　第五十四条　标识不合格的处理 ………………… 43
　　第五十五条　从轻、减轻情形 …………………… 44
　　第五十六条　拒检处理 …………………………… 44
　　第五十七条　伪造检验证明的处理 ……………… 45
　　第五十八条　团体、中介机构的连带责任 ……… 46
　　第五十九条　广告误导处理 ……………………… 46
　　第六十条　对禁止生产产品的原辅材料、包装物、
　　　　　　　生产工具的没收 …………………… 47
　　第六十一条　非法运输、保管、仓储的处理 …… 48
　　第六十二条　将禁止销售的产品用于经营性服务的

　　　　　　　处理 ………………………………… 49
　　第六十三条　封、押物品隐、转、卖、毁的处理 ……… 49
　　第六十四条　民事赔偿优先 ………………………… 50
　　第六十五条　对政府工作人员的处罚 ……………… 51
　　第六十六条　质检部门超规索取样品和收取费用的
　　　　　　　处理 ………………………………… 51
　　第六十七条　质检部门等向社会推荐产品、参与经营
　　　　　　　的处理 ……………………………… 52
　　第六十八条　渎职行为的处罚 ……………………… 53
　　第六十九条　阻碍公务的处罚 ……………………… 53
　　第七十条　处罚权限 ………………………………… 54
　　第七十一条　没收产品的处理 ……………………… 54
　　第七十二条　货值金额的计算 ……………………… 54
第六章　附则 …………………………………………… 55
　　第七十三条　特殊规定 ……………………………… 55
　　第七十四条　施行日期 ……………………………… 56

附　　录

一、法律法规

中华人民共和国消费者权益保护法(2013.10.25 修正)
　………………………………………………………… 57
中华人民共和国反不正当竞争法(节录)(2019.4.23 修
　正) …………………………………………………… 71
中华人民共和国药品管理法(节录)(2019.8.26 修订)
　………………………………………………………… 73
中华人民共和国民法典(节录)(2020.5.28) …………… 78
中华人民共和国刑法(节录)(2023.12.29 修正) ……… 79

中华人民共和国农产品质量安全法(2022.9.2修订)…… 85
最高人民法院、最高人民检察院关于办理生产、销售伪劣商品刑事案件具体应用法律若干问题的解释(2001.4.9)…… 105
国家质量监督检验检疫总局关于实施《中华人民共和国产品质量法》若干问题的意见(2011.2.22)…… 109
产品质量监督抽查实施规范管理规定(2014.12.11)…… 117
产品质量监督抽查管理暂行办法(2019.11.21)…… 122
产品防伪监督管理办法(2022.9.29修正)…… 133
中国质量奖管理办法(2021.3.3)…… 136
工业产品销售单位落实质量安全主体责任监督管理规定(2023.4.4)…… 142
工业产品生产单位落实质量安全主体责任监督管理规定(2023.4.4)…… 148

二、涉产品质量典型案例

案例一 非直接购买缺陷产品的受害人有权依法请求生产者、销售者承担赔偿责任
——奶某某诉某烟花爆竹专营店产品责任纠纷案 …… 154

案例二 销售有效成分含量与包装标识严重不符的化肥构成消费欺诈的,应承担惩罚性赔偿责任
——敬某诉某生物科技有限公司、魏某产品责任纠纷案 …… 155

案例三 经营者销售假种子未尽质量查验义务应担责
——某种子商场诉某县农业农村局行政处罚案 …… 157

案例四 经营者对于产品存在缺陷造成的损害不因产

　　　　　　品过保修期而免责
　　　　　　——檀某某诉某农业机械销售有限公司产品
　　　　　　责任纠纷案 ………………………………… 159
案例五　制售不符合安全标准的食品构成犯罪的，应依
　　　　法承担刑事责任
　　　　　　——谢某生产、销售不符合安全标准的食品案
　　　　　　……………………………………………… 160
案例六　空调产品生产者对于产品缺陷造成损失应承
　　　　担赔偿责任
　　　　　　——某奶粉店诉某空调股份有限公司产品责
　　　　　　任纠纷案 ………………………………… 161

《中华人民共和国产品质量法》适用提要

为依法加强对产品质量的监督管理,七届全国人大常委会第三十次会议于1993年2月22日通过了《产品质量法》①,自1993年9月1日起施行。2000年7月8日,九届全国人大常委会第十六次会议通过了《关于修改〈中华人民共和国产品质量法〉的决定》,对《产品质量法》进行了第一次修正,使《产品质量法》从原有的51条增至74条。2009年8月27日,十一届全国人大常委会第十次会议通过了《关于修改部分法律的决定》,对《产品质量法》进行了第二次修正,该次修正仅对第69条作了个别文字修改。2018年12月29日,十三届全国人大常委会第七次会议通过了《关于修改〈中华人民共和国产品质量法〉等五部法律的决定》,对《产品质量法》进行了第三次修正,该次修正后《产品质量法》的总条数没有变化。《产品质量法》的主要内容如下。

(一)总则

"总则"部分的主要内容包括:(1)本法的立法目的;(2)本法的适用范围;(3)对生产者、销售者内部产品质量管理的基本

---

① 为方便读者阅读,本书中的法律法规名称均使用简称。——编者注

要求;(4)产品质量责任的责任主体及产品质量责任的法律适用;(5)对产品质量欺诈行为的禁止性规定;(6)国家鼓励企业提高产品质量的主要措施;(7)各级人民政府在产品质量问题上的主要职责;(8)产品质量的监督体制;(9)对政府及其他国家机关工作人员包庇、放纵产品生产、销售过程中违反本法规定行为的禁止性规定;(10)对违反本法的行为的检举及对检举的奖励;(11)禁止在产品质量问题上搞地方保护主义和部门保护主义。

(二)产品质量的监督

在市场经济条件下,一般的产品质量问题,主要依靠市场竞争来解决。通过市场竞争中的优胜劣汰机制,促使企业提高产品质量,增强市场竞争力。但是,政府作为社会经济活动的宏观组织者和管理者,必须对产品质量进行必要的监督和宏观管理,以维护社会经济秩序,保护消费者的合法权益。

本法确立了国家对产品质量实施监督的基本制度,主要包括:(1)对涉及保障人体健康和人身、财产安全的产品实行严格的强制监督管理的制度;(2)市场监督管理部门依法对产品质量实行监督抽查并对抽查结果进行公告的制度;(3)推行企业质量体系认证和产品质量认证的制度;(4)市场监督管理部门对涉嫌在产品生产、销售活动中从事违反本法规定行为的企业可以依法实施强制检查和采取必要的查封、扣押等强制措施的制度;等等。这些法定的基本制度,既为加强对产品质量的监督管理提供了法律依据,又为市场监督管理部门对产品质量进行监督的行政执法活动提供了必须遵守的行为规范。此外,本法对产品质量检验机构的资格,产品质量检验机构、认证机构执业的基本要求,消费者及保护消费者权益的社会组织在产品质量问题上的权利等问题也作了规定。

(三)产品质量责任制度

本法第三章分两节,分别规定了生产者的产品质量责任和义务以及销售者的产品质量责任和义务。产品质量责任制度的主要内容有:

生产者、销售者是产品质量责任的承担者,是产品质量的责任主体。

生产者应当对其生产的产品质量负责,产品存在缺陷造成损害的,生产者应当承担赔偿责任。

由于销售者的过错使产品存在缺陷,造成损害的,销售者应当承担赔偿责任。

因产品缺陷造成损害的,受害人可以向生产者要求赔偿,也可以向销售者要求赔偿。

产品质量有瑕疵的,生产者、销售者负瑕疵担保责任,采取修理、更换、退货等救济措施;给购买者造成损失的,承担赔偿责任。

禁止生产、销售不符合保障人体健康和人身、财产安全的标准和要求的工业产品。

产品质量应当检验合格,不得以不合格产品冒充合格产品。

(四)损害赔偿

本法关于因产品质量问题引起的损害赔偿的规定包括以下内容:(1)销售者对其售出的产品的质量问题所应承担的民事责任;(2)产品质量存在缺陷造成他人损害的民事责任;(3)产品缺陷的定义;(4)产品质量纠纷的解决途径;(5)仲裁机构或者人民法院的委托检验。

(五)罚则

"罚则"部分对违反本法规定行为的处罚作了规定。

一是,对于与产品质量活动有关的违法的人与事,明确规定追究责任,造成危害的严加制裁。这既是提高产品质量的实际需要,也是为了保护国家和社会的利益。

二是,处罚的重点主要是生产、销售不符合保障人体健康和人身、财产安全的国家标准、行业标准的产品的行为,制假售假行为,以及其他违法产品的生产、销售行为。

三是,处罚力度大,处罚方式的可操作性强。一般来说,计算货值比计算违法所得更易于操作,当然这里也包含了加重处罚。

四是,处罚的对象不仅包括产品的生产者、销售者,而且包括产品质量中介机构,产品质量的监督者,国家机关工作人员,参与产品质量违法活动的运输者、保管者、仓储者以及制假技术的提供者。

五是,对于执法者,一方面规范了其执法行为,要求其秉公执法、严格执法,依法履行职责;另一方面也授予了其权力,规定其执法行为受法律保护,维护执法者的权威。

六是,本部分不仅规定了违反本法的行政责任和刑事责任,在一些条款中也涉及了民事责任,但是并不影响前面各章中有关民事责任的规定。

中华人民共和国产品质量法

(1993年2月22日第七届全国人民代表大会常务委员会第三十次会议通过 根据2000年7月8日第九届全国人民代表大会常务委员会第十六次会议《关于修改〈中华人民共和国产品质量法〉的决定》第一次修正 根据2009年8月27日第十一届全国人民代表大会常务委员会第十次会议《关于修改部分法律的决定》第二次修正 根据2018年12月29日第十三届全国人民代表大会常务委员会第七次会议《关于修改〈中华人民共和国产品质量法〉等五部法律的规定》第三次修正)

第一章 总 则

第一条 【立法目的】[1]为了加强对产品质量的监督管理,提高产品质量水平,明确产品质量责任,保护消费者的合法权益,维护社会经济秩序,制定本法。

条文注释[2]

本条是关于本法立法目的的规定。

---

[1][2] 条文主旨、条文注释为编者所加,仅供参考,全书同。——编者注

所谓"产品质量",通常是指产品满足需要的适用性、安全性、可靠性、耐用性、可维修性、经济性等特性的总和。这里所讲的"产品质量责任",是指产品的生产者、销售者不履行本法规定的保证产品质量的义务所应当承担的法律后果,包括产品质量民事责任、违反本法规定的行政责任及刑事责任。

> **第二条 【适用范围】**在中华人民共和国境内从事产品生产、销售活动,必须遵守本法。
> 本法所称产品是指经过加工、制作,用于销售的产品。
> 建设工程不适用本法规定;但是,建设工程使用的建筑材料、建筑构配件和设备,属于前款规定的产品范围的,适用本法规定。

条文注释

本条是关于本法适用范围的规定。

本法主要调整在我国境内从事产品生产、销售活动过程中所发生的权利、义务、责任关系。本法调整的产品主要是指以销售为目的,通过工业加工、手工制作等生产方式所获得的具有特定使用性能的物品。未经加工的天然形成的产品如原矿、原煤、石油、天然气等以及初级农产品如农、林、牧、渔产品等,不适用本法规定。未投入流通的自用的产品、赠与的产品、试用的产品等,也不适用本法规定。

所谓"建设工程不适用本法规定",是指本法不适用于建筑物、工程等不动产。由于建设工程的质量问题与一般加工、制作的产品的质量问题具有较大的不同,对建设工程的质量问题,应当适用《建筑法》等法律的规定。但是,建设工程使用的建筑材料、建筑构配件和设备,属于经过加工、制作用于销售的产品的,则适用本法。

关联法规

《国家质量监督检验检疫总局关于实施〈中华人民共和国

产品质量法〉若干问题的意见》第 3 条

第三条 【生产者、销售者内部产品质量管理责任】生产者、销售者应当建立健全内部产品质量管理制度,严格实施岗位质量规范、质量责任以及相应的考核办法。

条文注释

本条是关于生产者、销售者内部产品质量管理的指导性规定。

本条中的"生产者、销售者",主要是指从事产品生产活动或销售活动的国有企业、集体企业、私营企业、外商投资企业等各类企业,同时也包括从事产品生产、销售活动的个体工商户。

第四条 【责任主体】生产者、销售者依照本法规定承担产品质量责任。

条文注释

本条是关于承担产品质量责任的主体的规定。

承担产品质量责任的主体包括生产者、销售者(含供货者),即从事产品生产活动或销售活动的各类企业及个体工商户。

本条中的"生产者",是指具有产品生产行为的人;本条中的"销售者",是指具有产品销售行为的人。

承担产品质量责任包括承担相应的行政责任、民事责任和刑事责任。其中,民事责任包括产品瑕疵担保责任和产品侵权损害赔偿责任。

关联法规

《民法典》第 615~617、1202~1207 条

《刑法》第 140~150 条

第五条 【禁止性条款】禁止伪造或者冒用认证标志等质量标志;禁止伪造产品的产地,伪造或者冒用他人的厂名、厂址;禁止在生产、销售的产品中掺杂、掺假,以假充真,以次充好。

关联法规

《消费者权益保护法》第48条

第六条 【国家鼓励】国家鼓励推行科学的质量管理方法,采用先进的科学技术,鼓励企业产品质量达到并且超过行业标准、国家标准和国际标准。

对产品质量管理先进和产品质量达到国际先进水平、成绩显著的单位和个人,给予奖励。

条文注释

本条是关于国家对产品质量采取有关鼓励政策的规定。

国家对产品质量采取的有关鼓励政策包括:鼓励推行科学的质量管理方法;鼓励采用先进的科学技术;鼓励企业产品质量达到并且超过行业标准、国家标准和国际标准;奖励产品质量管理先进单位和个人;奖励产品质量达到国际先进水平、成绩显著的单位和个人等。

所谓"科学的质量管理方法",是指国际上通行采用的质量管理方法,如国际标准化组织公布的ISO 9000"质量管理和质量保证"系列国际标准所推荐的质量管理方法等。

"对产品质量管理先进和产品质量达到国际先进水平、成绩显著的单位和个人,给予奖励",是国家采取的一项鼓励政策,各级人民政府和有关部门可以根据实际情况具体实施。

第七条 【政府职责】各级人民政府应当把提高产品质量纳入国民经济和社会发展规划,加强对产品质量工作的统筹规划和组织领导,引导、督促生产者、销售者加强产品质量管理,提高产品质量,组织各有关部门依法采取措施,制止产品生产、销售中违反本法规定的行为,保障本法的施行。

条文注释

本条是关于各级人民政府在产品质量问题上的主要职责的规定。

《宪法》规定,国务院和县级以上地方各级人民政府分别负责编制全国和本行政区域内的国民经济和社会发展计划,报同级人民代表大会审查批准后执行。

关联法规

《宪法》第89、99条
《农产品质量安全法》第8条

第八条 【主管部门】国务院市场监督管理部门主管全国产品质量监督工作。国务院有关部门在各自的职责范围内负责产品质量监督工作。

县级以上地方市场监督管理部门主管本行政区域内的产品质量监督工作。县级以上地方人民政府有关部门在各自的职责范围内负责产品质量监督工作。

法律对产品质量的监督部门另有规定的,依照有关法律的规定执行。

条文注释

本条是关于我国产品质量监督管理体制的规定。

本条第1款中规定的"国务院市场监督管理部门",按照现行的国务院机构设置,是指国家市场监督管理总局。"国务院有关部门",是指按照国务院"三定"方案的规定,在各自的职责范围内,对产品质量负有监督职责的有关部门,包括国家发展和改革委员会、农业农村部、工业和信息化部等。

其他法律对特殊产品质量的监督部门已有规定的,应依有关特别法的规定执行。例如,按照《食品安全法》的规定,主管食品安全监督管理工作的是食品安全监督管理部门;按照《药品管理法》的规定,主管药品监督管理工作的是药品监督管理部门。因此,对食品和药品的质量监督,应分别按照《食品安全法》和《药品管理法》的规定执行。

关联法规

《食品安全法》第5、6条

《药品管理法》第8条

第九条 【工作人员职责】各级人民政府工作人员和其他国家机关工作人员不得滥用职权、玩忽职守或者徇私舞弊,包庇、放纵本地区、本系统发生的产品生产、销售中违反本法规定的行为,或者阻挠、干预依法对产品生产、销售中违反本法规定的行为进行查处。

各级地方人民政府和其他国家机关有包庇、放纵产品生产、销售中违反本法规定的行为的,依法追究其主要负责人的法律责任。

条文注释

本条是关于禁止国家机关及其工作人员包庇、放纵本地区、本系统发生的产品生产、销售中违反本法规定的行为的规定。

本条第1款所规范的主体,是国家机关工作人员,既包括各级人民政府及其所属各部门的工作人员,也包括各级国家权力机关、行政机关、司法机关等"其他国家机关"的工作人员。"滥用职权",是指国家机关工作人员超越职权范围,非法行使领导、指挥、管理和处理业务的权力。"玩忽职守",是指国家机关工作人员不恪尽职守,工作马虎,严重不负责任的行为。"徇私舞弊",是指国家机关工作人员为谋取私利,利用职务便利,明知是违法行为而对违法行为人提供便利或不履行应履行的法定义务而使违法行为人免予受处罚的行为。"包庇、放纵本地区、本系统发生的产品生产、销售中违反本法规定的行为",是指国家机关工作人员对违反本法规定的行为主动庇护或视而不见,纵容其发展的行为。

本条第2款所规范的主体,是"各级地方人民政府和其他国家机关"。

关联法规

《棉花质量监督管理条例》第5条

> **第十条 【检举和奖励】**任何单位和个人有权对违反本法规定的行为,向市场监督管理部门或者其他有关部门检举。
>
> 市场监督管理部门和有关部门应当为检举人保密,并按照省、自治区、直辖市人民政府的规定给予奖励。

条文注释

本条是关于检举产品质量违法行为、为检举人保密并对检举人给予奖励的规定。

任何单位和个人发现有产品质量违法行为的,都有权检举,其检举权受法律保护。检举产品质量违法行为,可以署名,也可以匿名。检举人可以向各级市场监督管理部门检举,也可以向其他有关部门检举。

关联法规

《国家质量监督检验检疫总局关于实施〈中华人民共和国产品质量法〉若干问题的意见》第12条

第十一条 【市场准入】任何单位和个人不得排斥非本地区或者非本系统企业生产的质量合格产品进入本地区、本系统。

条文注释

本条是关于禁止地方保护主义和部门保护主义,保证合格产品在全国市场自由流通的规定。

任何单位和个人都不得采用任何手段对合格产品搞地区封锁,包括不得以检验标准、检验方式不同为由要求重复检验;不得违法设置准入证、准销证;不得违法要求事前特许及办理其他审批手续,或采取互认等办法限制异地或不同系统的合格产品在本地区、本系统生产、销售等。

第二章 产品质量的监督

第十二条 【产品质量检验】产品质量应当检验合格,不得以不合格产品冒充合格产品。

条文注释

本条是关于产品质量检验的规定。

所谓"产品质量应当检验合格",是指产品出厂前应当经过生产者的内部质量检验部门或者检验人员的检验,产品质量应当符合相应的标准和要求。所谓"不合格产品",是指产品质量不符合本法第26条规定的要求的产品,包括处理品和劣质品。所谓处理品,是指产品质量不符合本法第26条第2款第2、3项规定的要求,但是不存在危及人体健康及人身、财产安全的危险,仍有使用价值的产品。所谓劣质品,是指产品质量不符合本法第26条规定的要求,并且存在危及人体健康及人身、财产安全的危险,或者失去合格产品应当具备的使用性能的产品。

所谓"不得以不合格产品冒充合格产品",是指不得以处理品或者劣质品冒充合格产品。违反法律规定,以不合格产品冒充合格产品进行生产、销售的,将按照本法第50条的规定追究违法行为人的法律责任。

> **第十三条 【产品安全】**可能危及人体健康和人身、财产安全的工业产品,必须符合保障人体健康和人身、财产安全的国家标准、行业标准;未制定国家标准、行业标准的,必须符合保障人体健康和人身、财产安全的要求。
>
> 禁止生产、销售不符合保障人体健康和人身、财产安全的标准和要求的工业产品。具体管理办法由国务院规定。

条文注释

本条是关于工业产品必须符合保障人体健康和人身、财产安全的国家标准、行业标准及相关要求的规定。

凡属可能危及人体健康和人身、财产安全的工业产品,如电器、压力容器、易燃易爆产品、儿童玩具、医疗器械等,都必须符合保障人体健康和人身、财产安全的强制性国家标准、行业标准。依照《标准化法》的规定,保障人体健康和人身、财产安全的标准是强制性标准;对于强制性标准,必须执行。不符合强制性标准的产品,禁止生产和销售。对于尚未制定强制性的国家标准、行业标准的工业产品,必须符合保障人体健康和人身、财产安全的要求,符合依法制定的有关地方标准。不符合保障人体健康和人身、财产安全的国家标准、行业标准的工业产品,禁止生产、销售。

关联法规

《消费者权益保护法》第7、18条
《标准化法》第10条

《工业产品生产许可证管理条例》第1、2条

第十四条　【企业质量体系认证制度和产品质量认证制度】国家根据国际通用的质量管理标准,推行企业质量体系认证制度。企业根据自愿原则可以向国务院市场监督管理部门认可的或者国务院市场监督管理部门授权的部门认可的认证机构申请企业质量体系认证。经认证合格的,由认证机构颁发企业质量体系认证证书。

国家参照国际先进的产品标准和技术要求,推行产品质量认证制度。企业根据自愿原则可以向国务院市场监督管理部门认可的或者国务院市场监督管理部门授权的部门认可的认证机构申请产品质量认证。经认证合格的,由认证机构颁发产品质量认证证书,准许企业在产品或者其包装上使用产品质量认证标志。

条文注释

本条是关于推行企业质量体系认证制度和产品质量认证制度的规定。

所谓"企业质量体系认证",是指由国家有关部门认可的认证机构,依据认证标准,按照规定的程序,对企业的质量保证体系,包括企业的质量管理制度和企业的生产、技术条件等保证产品质量的诸因素进行全面评审,对符合要求的,颁发企业质量体系认证证书,证明企业的质量保证能力符合相应标准要求的活动。所谓"国际通用的质量管理标准",主要是指国际标准化组织制定并已为许多国家普遍采用的 ISO 9000"质量管理和质量保证"系列国际标准。目前,这些标准已转化为我国的国家标准。

所谓"产品质量认证",是指由依法取得产品质量认证资格的认证机构,依据有关产品标准和要求,按照规定的程序,对申

请认证的产品进行工厂审查和产品检验,对符合要求的,颁发产品质量认证证书和产品质量认证标志,证明该项产品符合相应产品标准和要求的活动。依照本法规定,产品质量认证实行企业自愿的原则。

关联法规

《认证认可条例》

第十五条 【质量监督抽查】国家对产品质量实行以抽查为主要方式的监督检查制度,对可能危及人体健康和人身、财产安全的产品,影响国计民生的重要工业产品以及消费者、有关组织反映有质量问题的产品进行抽查。抽查的样品应当在市场上或者企业成品仓库内的待销产品中随机抽取。监督抽查工作由国务院市场监督管理部门规划和组织。县级以上地方市场监督管理部门在本行政区域内也可以组织监督抽查。法律对产品质量的监督检查另有规定的,依照有关法律的规定执行。

国家监督抽查的产品,地方不得另行重复抽查;上级监督抽查的产品,下级不得另行重复抽查。

根据监督抽查的需要,可以对产品进行检验。检验抽取样品的数量不得超过检验的合理需要,并不得向被检查人收取检验费用。监督抽查所需检验费用按照国务院规定列支。

生产者、销售者对抽查检验的结果有异议的,可以自收到检验结果之日起十五日内向实施监督抽查的市场监督管理部门或者其上级市场监督管理部门申请复检,由受理复检的市场监督管理部门作出复检结论。

【条文注释】

本条是关于国家对产品质量实行监督抽查制度的规定。

根据相关规定,国家对产品质量实行重点抽查的产品范围包括以下几种:一是可能危及人体健康和人身、财产安全的产品,包括药品、食品、电器、易燃易爆产品等;二是影响国计民生的重要工业产品,包括工业原材料、基础件,农业生产资料和重要的民用日常工业品;三是消费者和有关组织反映有质量问题的产品,包括通过消费者权益保护组织反映的出现质量问题较多的产品。

【关联法规】

《国家质量监督检验检疫总局关于实施〈中华人民共和国产品质量法〉若干问题的意见》第1条

《产品防伪监督管理办法》第9条

第十六条 【质量监督检查配合】对依法进行的产品质量监督检查,生产者、销售者不得拒绝。

【条文注释】

本条是关于生产者、销售者不得拒绝行政执法机关依法进行的产品质量监督检查的规定。

需要注意的是,行政执法机关在行使产品质量监督检查职权时,应向被检查人履行告知义务,即行政执法机关应告知被检查人进行产品质量监督检查的依据、性质并出示有关证件。被检查人不理解的,应作出必要的解释,而不应简单地按拒检处理;被检查人对监督检查不积极主动进行配合的,也不能按拒检处理。对行政执法机关违法进行的产品质量监督检查,生产者、销售者有权拒绝。

【关联法规】

《强制性产品认证管理规定》第36条

第十七条 【质量不合格的处理】依照本法规定进行监督抽查的产品质量不合格的,由实施监督抽查的市场监督管理部门责令其生产者、销售者限期改正。逾期不改正的,由省级以上人民政府市场监督管理部门予以公告;公告后经复查仍不合格的,责令停业,限期整顿;整顿期满后经复查产品质量仍不合格的,吊销营业执照。

监督抽查的产品有严重质量问题的,依照本法第五章的有关规定处罚。

条文注释

本条是关于监督抽查的产品质量不合格和有严重质量问题时应如何处理的规定。

根据本条第1款的规定,对依照本法规定进行监督抽查的产品质量不合格的,有以下几种处理方式:(1)由实施监督抽查的市场监督管理部门责令其生产者、销售者限期改正;(2)公告;(3)责令其生产者、销售者停业,限期整顿;(4)吊销其生产者、销售者营业执照。实施监督抽查的市场监督管理部门可能是国务院市场监督管理部门,也可能是县级以上地方人民政府市场监督管理部门,但对"逾期不改正"行为的公告,应由省级以上人民政府市场监督管理部门负责发布。

根据本条第2款的规定,有严重质量问题的产品,包括:不符合保障人体健康和人身、财产安全的国家标准、行业标准的产品;在产品中掺杂、掺假、以假充真、以次充好的产品;国家明令淘汰的产品;失效、变质的产品;等等。对监督抽查过程中发现生产、销售上述有严重质量问题的产品的,应依照本法第5章的有关规定处罚。

关联法规

《产品质量监督抽查管理暂行办法》第17条

《国家质量监督检验检疫总局关于实施〈中华人民共和国产品质量法〉若干问题的意见》第 1 条

第十八条 【对涉嫌违法行为的查处】县级以上市场监督管理部门根据已经取得的违法嫌疑证据或者举报,对涉嫌违反本法规定的行为进行查处时,可以行使下列职权:

(一)对当事人涉嫌从事违反本法的生产、销售活动的场所实施现场检查;

(二)向当事人的法定代表人、主要负责人和其他有关人员调查、了解与涉嫌从事违反本法的生产、销售活动有关的情况;

(三)查阅、复制当事人有关的合同、发票、帐簿以及其他有关资料;

(四)对有根据认为不符合保障人体健康和人身、财产安全的国家标准、行业标准的产品或者有其他严重质量问题的产品,以及直接用于生产、销售该项产品的原辅材料、包装物、生产工具,予以查封或者扣押。

条文注释

本条是关于县级以上市场监督管理部门对当事人在产品生产、销售活动中涉嫌违反本法规定的行为可以依法实施强制检查和采取必要的行政强制措施的规定。

关于本条需要说明以下几点:一是县级以上市场监督管理部门在采取查封、扣押强制措施时,必须遵守一定的程序,如通知被执行人到场,列出查封、扣押物品的清单,由被执行人签字等。二是对查封、扣押的物品,经进一步检验,确认存在严重质量问题的,应依照本法的规定予以没收,并对违法的生产者、销售者予以处罚;构成犯罪的,应将查封、扣押的物品移送司法机关。对经检验确认不存在严重质量问题的物品,应当立即解除查封、扣押强制措施。三是当事人如果对有关行政执法机关采取的查封、扣押强制措施有异议的，可以依照《行政复议法》《行政诉讼法》的规定提出行政复议和行政诉讼。

关联法规

《国家质量监督检验检疫总局关于实施〈中华人民共和国产品质量法〉若干问题的意见》第2条

第十九条 【检验机构资格】产品质量检验机构必须具备相应的检测条件和能力，经省级以上人民政府市场监督管理部门或者其授权的部门考核合格后，方可承担产品质量检验工作。法律、行政法规对产品质量检验机构另有规定的，依照有关法律、行政法规的规定执行。

条文注释

本条是关于产品质量检验机构应具备的条件的规定。

所谓"产品质量检验机构"，是指向社会开放的，接受他人委托对有关的产品质量指标进行技术检验（包括接受有关行政执法部门的委托，对国家产品质量监督抽查的产品进行技术检验），通过检验数据出具检验结果的机构。需要说明的是，这里的产品质量检验机构不包括企业事业单位设立的只为其自身服务的产品质量检验机构。

所谓"法律、行政法规对产品质量检验机构另有规定"，是指其他有关法律、行政法规没有要求从事特定产品的质量检验机构须经市场监督管理部门或其授权的部门考核合格方可从事检验工作的，应依照其他有关法律、行政法规的规定执行。

关联法规

《种子法》第47条

《化妆品监督管理条例》第49条

第二十条 【中介机构设立要求】从事产品质量检验、认证的社会中介机构必须依法设立,不得与行政机关和其他国家机关存在隶属关系或者其他利益关系。

条文注释

本条是关于从事产品质量检验、认证的社会中介机构设立要求的规定。

所谓"从事产品质量检验、认证的社会中介机构",是指不隶属于行政机关或其他组织,为社会提供产品质量检验、认证的中介服务的独立机构。这里讲的不得存在"隶属关系",是指从事产品质量检验、认证的中介机构不得与行政机关和其他国家机关存在直接的上下级关系;"其他利益关系"主要指经济利益关系,如两类中介机构将其收益的一部分上交给有关行政机关和其他国家机关等。

关联法规

《认证认可条例》第9条

第二十一条 【检验机构、认证机构的执业规则】产品质量检验机构、认证机构必须依法按照有关标准,客观、公正地出具检验结果或者认证证明。

产品质量认证机构应当依照国家规定对准许使用认证标志的产品进行认证后的跟踪检查;对不符合认证标准而使用认证标志的,要求其改正;情节严重的,取消其使用认证标志的资格。

条文注释

本条是关于产品质量检验机构、认证机构的基本执业规则和产品质量认证机构对准许使用认证标志的产品进行认证后的跟踪检查义务的规定。

所谓"产品质量检验机构",是指县级以上人民政府市场监督管理部门依法设置和授权的为社会提供公证数据的产品质量检验机构。该机构的任务是承担产品质量的监督检验、仲裁检验等公证检验工作。处理产品质量的争议,以依法设置和授权的产品质量检验机构出具的检验数据为准。

关联法规

《认证认可条例》第 21 条

第二十二条 【消费者的权利】消费者有权就产品质量问题,向产品的生产者、销售者查询;向市场监督管理部门及有关部门申诉,接受申诉的部门应当负责处理。

条文注释

本条是关于消费者在产品质量问题上所享有的权利的规定。

本条具体规定了查询权和申诉权。所谓查询权,是指对产品的质量问题,消费者有权向产品的生产者、销售者查询,通过查询了解产品的质量状况,从而自主决定选购所需产品。消费者的查询权,受法律保护。对消费者就产品质量问题所提出的查询,生产者、销售者有义务如实作出回答。所谓申诉权,是指消费者有权就产品质量问题向市场监督管理部门及有关部门申诉,接受申诉的部门接到消费者的申诉后,应当及时依法调查、处理,并向消费者作出答复。

消费者在产品质量问题上所享有的权利,并不限于查询权和申诉权这两项权利,同时还享有法律规定的其他权利。例如,消费者因产品质量问题受到损害的,有向生产者、销售者要求赔偿的权利,有向法院起诉的权利等。

关联法规

《消费者权益保护法》第 8、39 条

《市场监督管理投诉举报处理暂行办法》

第二十三条 【保护消费者权益的社会组织的权利】保护消费者权益的社会组织可以就消费者反映的产品质量问题建议有关部门负责处理,支持消费者对因产品质量造成的损害向人民法院起诉。

条文注释

本条是关于保护消费者权益的社会组织在产品质量问题上所享有的权利的规定。

所谓"保护消费者权益的社会组织",是指依法成立的对商品和服务进行社会监督的保护消费者合法权益的社会团体。现有的保护消费者权益的社会组织包括消费者协会和用户委员会。目前,各省、自治区、直辖市以及较大的城市均设立了消费者协会。

本条规定了保护消费者权益的社会组织在产品质量问题上所享有的两项权利:一是建议处理权。按照本条规定,保护消费者权益的社会组织可以就消费者反映的产品质量问题建议有关部门负责处理。二是支持消费者起诉权。按照本条规定,保护消费者权益的社会组织支持消费者对因产品质量造成的损害向人民法院起诉。

保护消费者权益的社会组织在产品质量问题上所享有的权利,并不限于建议处理权和支持消费者起诉权这两项权利,其还可以根据其他法律的有关规定以及本组织章程的有关规定,发挥保护消费者合法权益的作用。

关联法规

《消费者权益保护法》第 37 条

第二十四条 【产品质量状况公告】国务院和省、自治区、直辖市人民政府的市场监督管理部门应当定期发布其监督抽查的产品的质量状况公告。

条文注释

本条是关于国务院和省、自治区、直辖市人民政府的市场监督管理部门应当定期发布其监督抽查的产品的质量状况公告的规定。

国家建立以监督抽查为主要方式的产品质量监督检查制度，由市场监督管理部门统一规划和组织，重点监督抽查可能危及人体健康和人身、财产安全的产品，影响国计民生的重要工业产品以及消费者、有关组织反映的有质量问题的产品。

关联法规

《饲料和饲料添加剂管理条例》第32条

第二十五条 【推荐禁止及经营禁止】市场监督管理部门或者其他国家机关以及产品质量检验机构不得向社会推荐生产者的产品；不得以对产品进行监制、监销等方式参与产品经营活动。

第三章 生产者、销售者的产品质量责任和义务

第一节 生产者的产品质量责任和义务

第二十六条 【生产者的产品质量责任】生产者应当对其生产的产品质量负责。

产品质量应当符合下列要求:

(一)不存在危及人身、财产安全的不合理的危险,有保障人体健康和人身、财产安全的国家标准、行业标准的,应当符合该标准;

(二)具备产品应当具备的使用性能,但是,对产品存在使用性能的瑕疵作出说明的除外;

(三)符合在产品或者其包装上注明采用的产品标准,符合以产品说明、实物样品等方式表明的质量状况。

条文注释

本条是关于生产者对其生产的产品质量负责以及产品质量应当符合的法定要求的规定。

本条第1款规定了生产者对其生产的产品质量负责,其包括两方面的含义:一是指生产者必须严格履行其保证产品质量的法定义务;二是指生产者不履行或不完全履行其保证产品质量的法定义务时,必须依法承担相应的产品质量责任。所谓生产者保证产品质量的法定义务,是指生产者依照法律的规定,为保证其生产的产品的质量,必须作出一定行为或者不得作出一定行为。所谓生产者的产品质量责任,是指生产者违反国家有关产品质量的法律、法规的规定,不履行或者不完全履行法定的产品质量义务时所应当承担的法律后果。

本条第2款规定了生产者应当保证其生产的产品符合的相关要求。

关联法规

《国家质量监督检验检疫总局关于实施〈中华人民共和国产品质量法〉若干问题的意见》第8条

《最高人民法院、最高人民检察院关于办理生产、销售伪劣商品刑事案件具体应用法律若干问题的解释》第1条

第二十七条 【标识要求】产品或者其包装上的标识必须真实,并符合下列要求:
(一)有产品质量检验合格证明;
(二)有中文标明的产品名称、生产厂厂名和厂址;
(三)根据产品的特点和使用要求,需要标明产品规格、等级、所含主要成份的名称和含量的,用中文相应予以标明;需要事先让消费者知晓的,应当在外包装上标明,或者预先向消费者提供有关资料;
(四)限期使用的产品,应当在显著位置清晰地标明生产日期和安全使用期或者失效日期;
(五)使用不当,容易造成产品本身损坏或者可能危及人身、财产安全的产品,应当有警示标志或者中文警示说明。
裸装的食品和其他根据产品的特点难以附加标识的裸装产品,可以不附加产品标识。

条文注释

本条是关于产品或者其包装上的标识所应当符合的要求的规定。

所谓产品包装,是指在产品运输、储存、销售等流通过程中,为保护产品、促进销售,按照一定的技术方法采用容器、材料和附着物对产品进行包装,并在包装物上附加有关标识而进行的操作活动的总称。所谓产品标识,是指用于识别产品或其特征、特性所作的各种标志的统称。产品标识可以用文字、符号、标志、标记、数字、图案等进行标志。产品标识由生产者提供,其主要作用是表明产品的有关信息,帮助消费者了解产品的质量状况,说明产品的正确使用、保养方法,指导消费者消费。

关联法规

《化妆品标识管理规定》第 15 条

《国家质量监督检验检疫总局关于实施〈中华人民共和国产品质量法〉若干问题的意见》第 4、9 条

> **第二十八条　【特殊产品包装要求】**易碎、易燃、易爆、有毒、有腐蚀性、有放射性等危险物品以及储运中不能倒置和其他有特殊要求的产品，其包装质量必须符合相应要求，依照国家有关规定作出警示标志或者中文警示说明，标明储运注意事项。

条文注释

本条是关于特殊产品的包装要求的规定。

危险物品、储运中不能倒置的产品和其他有特殊要求的产品属于特殊产品。特殊产品的种类具体包括：易碎品，如玻璃及玻璃制品、陶瓷等；易燃、易爆品，如酒精、汽油、炸药、雷管、鞭炮等；剧毒品，如农药等；储运中不能倒置的产品，如电冰箱、装有液体的包装容器等；其他有特殊要求的产品，如古董、古玩、艺术品、工艺品等。产品包装具有如下作用：一是对被包装产品进行保护；二是通过产品包装上的标识明确地告知产品的仓储者、运输者、销售者以及消费者有关该产品的诸多信息。

所谓产品的"包装质量必须符合相应要求"，是指产品的包装必须符合国家法律、法规、规章、标准以及规范性文件规定的包装要求，保证产品的仓储者、运输者、销售者、消费者等的人身和财产安全，防止产品损坏，在产品包装上标注相应的产品标识。

关联法规

《危险化学品安全管理条例》第 17 条

《使用有毒物品作业场所劳动保护条例》第 23 条

第三章　生产者、销售者的产品质量责任和义务

第二十九条　【不得生产淘汰产品】生产者不得生产国家明令淘汰的产品。

条文注释

本条是关于生产者不得生产国家明令淘汰的产品的规定。

所谓"国家明令淘汰的产品",是指国家行政机关按照一定的程序,采用行政的措施,对涉及耗能高、技术落后、污染环境、危及人体健康等方面的因素,宣布不得继续生产、销售、使用的产品。

第三十条　【不得伪造产地、厂名、厂址】生产者不得伪造产地,不得伪造或者冒用他人的厂名、厂址。

条文注释

本条是关于生产者不得伪造产地,不得伪造或者冒用他人的厂名、厂址的规定。

所谓"伪造产地",是指在甲地生产,而标注乙地地名的欺骗行为。所谓伪造厂名、厂址,是指生产者捏造、编造不真实的厂名和厂址。所谓"冒用他人的厂名、厂址",是指生产者非法使用他人的厂名和厂址。

关联法规

《化妆品标识管理规定》第25条

第三十一条　【不得伪造、冒用质量标志】生产者不得伪造或者冒用认证标志等质量标志。

条文注释

本条是关于生产者不得伪造或者冒用认证标志等质量标志的规定。

所谓"质量标志",是指有关主管部门或者组织,按照规定的程序颁发给企业,用以表明该企业生产的产品的质量达到相

应水平的证明标志。

　　本条所禁止的行为包括两种,即伪造认证标志等质量标志和冒用认证标志等质量标志。前者是指非法制作、编造实际上并不存在的质量标志;后者是指未取得认证标志等质量标志而谎称取得,并擅自使用相应的质量标志。根据本条规定,伪造、冒用认证标志等质量标志的行为是法律所禁止的。

关联法规

《乳品质量安全监督管理条例》第41条

第三十二条　【生产产品的禁止性规定】生产者生产产品,不得掺杂、掺假,不得以假充真、以次充好,不得以不合格产品冒充合格产品。

条文注释

　　本条是关于生产者生产产品的三项禁止性规定。

　　所谓"掺杂、掺假",是指行为人以牟取非法利益为目的,故意在产品中掺入降低产品质量、影响产品正常使用性能的异物的违法行为。所谓"以假充真",是指行为人用一种产品冒充与其特征和特性不同的另一种产品,以欺骗的手段牟取非法利润,损害消费者合法权益的违法行为。所谓"以次充好",是指行为人以低档次、低等级的产品冒充高档次、高等级的产品,或者用废旧的、质量低劣的产品冒充全新的、质量较高的产品。所谓"不合格产品",是指产品质量不符合国家有关法律、法规规定的要求,或者不符合明示采用的产品标准、产品说明、实物样品或者以其他方式表明的质量状况的产品。不合格产品包括劣质品和处理品两类。所谓"以不合格产品冒充合格产品",是指将不合格产品进行伪装,充当合格产品的违法行为。

关联法规

《刑法》第140条

第二节 销售者的产品质量责任和义务

第三十三条 【进货检查验收】销售者应当建立并执行进货检查验收制度,验明产品合格证明和其他标识。

条文注释

本条是关于销售者应当建立并执行进货检查验收制度的规定。

所谓"进货检查验收制度",是指销售者根据国家有关规定以及同生产者或其他供货者之间订立的合同的约定,对购进的产品质量进行检查,对符合合同约定的产品予以验收的制度。进货检查验收包括产品标识检查、产品感观检查和必要的产品内在质量的检验。

关联法规

《民法典》第620条

《食品安全法》第53条

《药品管理法》第56、70条

第三十四条 【产品质量保持】销售者应当采取措施,保持销售产品的质量。

条文注释

本条是关于销售者应当采取措施,保持销售产品的质量的规定。

所谓"采取措施",是指销售者应当根据产品的不同特点,采取必要的方式,对产品进行保管,以保持销售产品的质量。对某些特殊产品(如药品、食品等)的保管,应采取控制温度、防雨、通风、防晒、防霉变等措施,保持进货时的产品质量状况。另外,采取措施还包括配置必要的设备和设施。

所谓"保持销售产品的质量",是指销售者通过采取一系列保管措施,使销售产品的质量基本保持着进货时的质量状况。

关联法规

《食品安全法》第54、56条

《乳品质量安全监督管理条例》第39条

第三十五条 【不得销售的产品】销售者不得销售国家明令淘汰并停止销售的产品和失效、变质的产品。

条文注释

本条是关于销售者不得销售国家明令淘汰并停止销售的产品和失效、变质的产品的规定。

所谓"明令淘汰",是指国务院及其有关部门通过颁布决定、命令的形式,公开淘汰某项产品或者某项产品的某个型号。

所谓"失效",是指产品失去了本来应当具有的效果、作用。

所谓"变质",是指产品的内在质量发生了本质性的物理、化学变化,失去了产品应当具备的使用价值。

关联法规

《乡镇企业法》第33条

《农业法》第25条

《侵害消费者权益行为处罚办法》第5条

第三十六条 【标识要求】销售者销售的产品的标识应当符合本法第二十七条的规定。

条文注释

本条是关于销售者销售的产品的标识应当符合法律规定的要求的规定。

按照本法第 27 条第 1 款的规定,产品或者其包装上的标识应当有产品质量检验合格证明;有中文标明的产品名称、生产厂厂名和厂址;根据产品的特点和使用要求,需要标明产品规格、等级、所含主要成分的名称和含量的,用中文相应予以标明(需要事先让消费者知晓的,应当在外包装上标明,或者预先向消费者提供有关资料);限期使用的产品,应当在显著位置清晰地标明生产日期和安全使用期或者失效日期;使用不当,容易造成产品本身损坏或者可能危及人身、财产安全的产品,应当有警示标志或者中文警示说明。

关联法规

《侵害消费者权益行为处罚办法》第 5 条

第三十七条 【不得伪造产地、厂名、厂址】销售者不得伪造产地,不得伪造或者冒用他人的厂名、厂址。

条文注释

本条是关于销售者不得伪造产地,不得伪造或者冒用他人的厂名、厂址的规定。

所谓"伪造产地",是指销售者对产品原有的标识进行篡改或者变造,即在产品或者包装上标注虚假的产地。所谓伪造厂名、厂址,是指在产品或其包装上标注虚假的、根本不存在的厂名、厂址。所谓"冒用他人的厂名、厂址",是指未经他人许可而擅自使用他人的厂名、厂址。

关联法规

《乡镇企业法》第 34 条

《乳品质量安全监督管理条例》第 41 条

《侵害消费者权益行为处罚办法》第 5 条

> **第三十八条 【不得伪造、冒用质量标志】**销售者不得伪造或者冒用认证标志等质量标志。

条文注释

本条是关于销售者不得伪造或者冒用认证标志等质量标志的规定。

所谓"质量标志",是指有关主管部门或者组织,按照规定的程序颁发给企业,用以表明该企业生产的产品的质量达到相应水平的证明标志。

本条所禁止的行为包括两种,即伪造认证标志等质量标志和冒用认证标志等质量标志。前者是指非法制作、编造实际上并不存在的质量标志;后者是指未取得认证标志等质量标志而谎称取得,并擅自使用相应的质量标志。根据本条规定,伪造、冒用认证标志等质量标志的行为是法律所禁止的。

关联法规

《乡镇企业法》第34条
《乳品质量安全监督管理条例》第41条
《侵害消费者权益行为处罚办法》第5条

> **第三十九条 【销售产品的禁止性规定】**销售者销售产品,不得掺杂、掺假,不得以假充真、以次充好,不得以不合格产品冒充合格产品。

关联法规

《刑法》第140条
《侵害消费者权益行为处罚办法》第5条

第四章　损 害 赔 偿

第四十条　【销售者产品合同责任】售出的产品有下列情形之一的,销售者应当负责修理、更换、退货;给购买产品的消费者造成损失的,销售者应当赔偿损失:

(一)不具备产品应当具备的使用性能而事先未作说明的;

(二)不符合在产品或者其包装上注明采用的产品标准的;

(三)不符合以产品说明、实物样品等方式表明的质量状况的。

销售者依照前款规定负责修理、更换、退货、赔偿损失后,属于生产者的责任或者属于向销售者提供产品的其他销售者(以下简称供货者)的责任的,销售者有权向生产者、供货者追偿。

销售者未按照第一款规定给予修理、更换、退货或者赔偿损失的,由市场监督管理部门责令改正。

生产者之间,销售者之间,生产者与销售者之间订立的买卖合同、承揽合同有不同约定的,合同当事人按照合同约定执行。

条文注释

本条是关于销售者承担产品合同责任(产品瑕疵担保责任)的规定。

售出的产品,只要具有本条第1款第1、2、3项规定条件之一的,销售者就应当承担产品瑕疵担保责任。销售者承担的产品瑕疵担保责任包括:对售出的不合格产品负责修理、更换、退货;给产品购买人造成损失(如运输费、交通费、误工费等)的,赔偿产品购买人相应的损失。

本条第2款规定了销售者先行承担产品瑕疵担保责任后,享有向负有责任的生产者、供货者追偿的权利。但是,按照本条第4款的规定,如果生产者之间、销售者之间,生产者与销售者之间订立的买卖合同、承揽合同有不同约定的,合同当事人应当按照合同约定执行。

关联法规

《消费者权益保护法》第48条

第四十一条 【生产者责任承担情形】因产品存在缺陷造成人身、缺陷产品以外的其他财产(以下简称他人财产)损害的,生产者应当承担赔偿责任。

生产者能够证明有下列情形之一的,不承担赔偿责任:

(一)未将产品投入流通的;

(二)产品投入流通时,引起损害的缺陷尚不存在的;

(三)将产品投入流通时的科学技术水平尚不能发现缺陷的存在的。

条文注释

本条是关于生产者承担产品侵权损害赔偿责任和免责条件的规定。

因产品存在缺陷造成人身、缺陷产品以外的其他财产损害的,表明了产品侵权损害赔偿责任的三个要件:产品存在缺陷;造成了人身伤害或者除缺陷产品以外的其他财产的损失;缺陷与损害存在因果关系。此规定体现了生产者承担产品侵权损害赔偿责任实行严格责任的归责原则。

"生产者能够证明有下列情形之一的,不承担赔偿责任",

是指生产者对免除责任的条件，负有提供证据的责任。如果生产者不能有效地证明免责条件，则不能免除其赔偿责任。此规定体现了举证责任倒置的原则。

"未将产品投入流通"，是指产品未出厂销售。"将产品投入流通时的科学技术水平尚不能发现缺陷的存在"，指的是发展中的风险。判定是否属于发展中的风险，以当时社会的科学技术水平为依据。

关联法规

《民法典》第 1205 条
《消费者权益保护法》第 40 条

第四十二条 【销售者责任承担情形】由于销售者的过错使产品存在缺陷，造成人身、他人财产损害的，销售者应当承担赔偿责任。

销售者不能指明缺陷产品的生产者也不能指明缺陷产品的供货者的，销售者应当承担赔偿责任。

条文注释

本条是关于销售者承担产品侵权损害赔偿责任的规定。

销售者承担产品侵权损害赔偿责任实行过错责任的归责原则。若产品缺陷由销售者造成，销售者就应该承担产品侵权损害赔偿责任。销售者不能指明造成损害的缺陷产品的生产者，也不能指明造成损害的缺陷产品的供货者的，如销售匿名产品造成损害，则销售者承担产品侵权损害赔偿责任。销售者对自身没有过错负有举证责任。

关联法规

《民法典》第 1205 条
《消费者权益保护法》第 40 条

第四十三条 【产品损害赔偿责任的承担】因产品存在缺陷造成人身、他人财产损害的,受害人可以向产品的生产者要求赔偿,也可以向产品的销售者要求赔偿。属于产品的生产者的责任,产品的销售者赔偿的,产品的销售者有权向产品的生产者追偿。属于产品的销售者的责任,产品的生产者赔偿的,产品的生产者有权向产品的销售者追偿。

条文注释

本条是关于受害人有权要求产品侵权损害赔偿和先行赔偿人有权向负有责任的人追偿的规定。

所谓"受害人",是指因产品存在缺陷,遭受人身伤害或者财产损失之后有权要求获得产品侵权损害赔偿的人,亦称权利主体,包括公民、法人和社会组织。受害人因产品缺陷遭受人身伤害、财产损失之后,可以向该产品的生产者或者销售者的任何一方提出产品侵权损害赔偿的要求,享有索赔对象的选择权利。

所谓"追偿",是指缺陷产品的生产者或者销售者先行承担产品侵权损害赔偿责任之后,有权向负有责任的人追要所支付的赔偿。

关联法规

《民法典》第 1203 条
《消费者权益保护法》第 40 条

第四十四条 【赔偿范围】因产品存在缺陷造成受害人人身伤害的,侵害人应当赔偿医疗费、治疗期间的护理费、因误工减少的收入等费用;造成残疾的,还应当支付残疾者生活自助具费、生活补助费、残疾赔偿金以及由其扶养的人所必需的生活费等费用;造成受害人死亡的,并应当支付丧葬费、死亡赔偿金以及由死者生前扶养的人所必需的生活费等费用。

因产品存在缺陷造成受害人财产损失的,侵害人应当恢复原状或者折价赔偿。受害人因此遭受其他重大损失的,侵害人应当赔偿损失。

条文注释

本条是关于产品侵权损害赔偿范围的规定。

所谓"人身伤害",是指死亡、肢体残疾、组织器官功能障碍以及其他影响人体健康的损伤。所谓"侵害人",是指对因产品缺陷造成他人人身伤害、财产损失负有产品侵权损害赔偿责任的人,亦称责任主体,包括缺陷产品的生产者、销售者、供货者。所谓"财产损失",是指除缺陷产品之外的其他财产的灭失、损毁或者功能的丧失、使用价值的降低等。所谓"折价赔偿",是指按照现行价格对遭受损害的财产折算成货币进行赔偿。所谓"其他重大损失",是指其他经济等方面的损失,含可得经济利益的损失。

关联法规

《民法典》第1179条

《消费者权益保护法》第49条

第四十五条 【诉讼时效】因产品存在缺陷造成损害要求赔偿的诉讼时效期间为二年,自当事人知道或者应当知道其权益受到损害时起计算。

因产品存在缺陷造成损害要求赔偿的请求权,在造成损害的缺陷产品交付最初消费者满十年丧失;但是,尚未超过明示的安全使用期的除外。

条文注释

本条是关于产品侵权损害赔偿的诉讼时效期间和请求权期间的规定。

产品侵权损害赔偿的诉讼时效期间为2年,自受害人知道或者应当知道缺陷产品造成损害之日起计算。超过了2年的诉讼时效期间,受害人便丧失了诉权。产品侵权损害要求赔偿的请求权期间为10年,自该造成损害的缺陷产品交付第一个用户或者交付第一个消费者之日起计算;满10年后,消费者丧失赔偿请求权。

所谓"尚未超过明示的安全使用期的除外",是指产品明示的安全使用期超过10年的,请求权期间适用明示的安全使用期。

关联法规

《民法典》第188条

第四十六条 【缺陷的含义】本法所称缺陷,是指产品存在危及人身、他人财产安全的不合理的危险;产品有保障人体健康和人身、财产安全的国家标准、行业标准的,是指不符合该标准。

条文注释

本条是关于产品缺陷的含义的规定。

所谓产品缺陷,是指产品存在危及人体健康和人身、财产安全的不合理的危险。产品缺陷包括设计上的缺陷、制造上的缺陷和告知上的缺陷。

产品不符合保障人体健康和人身、财产安全的国家标准、行业标准中的安全、卫生要求的,则该产品存在缺陷。产品不符合社会普遍公认的安全性的,亦可认为该产品存在缺陷。

第四十七条 【产品质量民事纠纷处理】因产品质量发生民事纠纷时,当事人可以通过协商或者调解解决。当事人不愿通过协商、调解解决或者协商、调解不成的,可以根据当事人各方的协议向仲裁机构申请仲裁;当事人各方没有达成仲裁协议或者仲裁协议无效的,可以直接向人民法院起诉。

☆条文注释☆

本条是关于产品质量民事纠纷处理的规定。

处理产品质量民事纠纷有四种途径,即协商、调解、协议仲裁和诉讼,当事人可以自由选择。所谓"可以根据当事人各方的协议向仲裁机构申请仲裁",是指当事人可以根据纠纷发生之前或者纠纷发生之后达成的仲裁协议,向产品质量仲裁机构申请裁决。

如果该质量损害行为触犯了我国刑事法律和行政法律的有关规定,则应按本法及有关法律的规定追究有关当事人的刑事责任和行政责任。

☆关联法规☆

《消费者权益保护法》第39条
《仲裁法》第4、5条

第四十八条 【委托质检】仲裁机构或者人民法院可以委托本法第十九条规定的产品质量检验机构,对有关产品质量进行检验。

☆条文注释☆

本条是关于仲裁机构和人民法院可以委托有关产品质量检验机构对有争议的产品进行质量检验的规定。

仲裁机构和人民法院可以委托的对存在争议的产品质量进

行检验的机构,应当具备以下条件:(1)按照本法或其他有关法律、行政法规的规定,经市场监督管理部门或者其授权的部门考核合格,具有承担产品质量检验资格的机构;(2)具备与所要检验、鉴定的特定产品的检测要求相适应的检测条件和能力,包括有相应的设备和技术人员。有检验资格,但不具备所要检测的特定产品所要求的检测条件和能力的,仲裁机构和人民法院不应委托其检验。

此外,仲裁机构和人民法院在委托某一检验机构进行检验时,应回避与产品质量纠纷有关各方有利害关系的检验机构,以做到公平、公正。

第五章 罚　　则

第四十九条　【违反安全标准规定的处理】生产、销售不符合保障人体健康和人身、财产安全的国家标准、行业标准的产品的,责令停止生产、销售,没收违法生产、销售的产品,并处违法生产、销售产品(包括已售出和未售出的产品,下同)货值金额等值以上三倍以下的罚款;有违法所得的,并处没收违法所得;情节严重的,吊销营业执照;构成犯罪的,依法追究刑事责任。

【条文注释】

本条是关于对生产、销售不符合保障人体健康和人身、财产安全的国家标准、行业标准的产品的处理规定。

违法生产的产品,是指违反本法有关规定生产的所有产品,包括尚未出厂的产品和已经出厂的产品。违法销售的产品,是指违反本法有关规定用于销售的所有产品,包括尚未销售的产品和已经售出的产品。

关联法规

《刑法》第 141~148 条

《国家质量监督检验检疫总局关于实施〈中华人民共和国产品质量法〉若干问题的意见》第 2、5、6 条

第五十条 【掺假等的处理】在产品中掺杂、掺假，以假充真，以次充好，或者以不合格产品冒充合格产品的，责令停止生产、销售，没收违法生产、销售的产品，并处违法生产、销售产品货值金额百分之五十以上三倍以下的罚款；有违法所得的，并处没收违法所得；情节严重的，吊销营业执照；构成犯罪的，依法追究刑事责任。

条文注释

本条是关于在产品中掺杂、掺假，以假充真，以次充好，或者以不合格产品冒充合格产品的法律责任的规定。

需要指出的是，如果在产品的生产、销售中实施掺杂、掺假，以假充真，以次充好或者以不合格产品冒充合格产品的违法行为，使生产、销售的产品不符合保障人体健康和人身、财产安全的标准的，应当依照本法第 49 条的规定追究其法律责任。

关联法规

《刑法》第 140 条

《国家质量监督检验检疫总局关于实施〈中华人民共和国产品质量法〉若干问题的意见》第 2、5 条

第五十一条 【生产、销售明令淘汰产品的处理】生产国家明令淘汰的产品的，销售国家明令淘汰并停止销售的产品的，责令停止生产、销售，没收违法生产、销售的产品，并处违法生产、销售产品货值金额等值以下的罚款；有违法所得的，并处没收违法所得；情节严重的，吊销营业执照。

【条文注释】

本条是关于生产、销售国家明令淘汰的产品应承担的行政责任的规定。

依照本法第29条的规定,生产者不得生产国家明令淘汰的产品。本法第35条中也规定,销售者不得销售国家明令淘汰并停止销售的产品。所谓"国家明令淘汰的产品",是指国家行政机关按照一定的程序,采用行政的措施,对涉及耗能高、技术落后、污染环境、危及人体健康等方面的因素,宣布不得继续生产、销售、使用的产品。

【关联法规】

《国家质量监督检验检疫总局关于实施〈中华人民共和国产品质量法〉若干问题的意见》第2、5条

第五十二条 【销售失效、变质产品的处理】销售失效、变质的产品的,责令停止销售,没收违法销售的产品,并处违法销售产品货值金额二倍以下的罚款;有违法所得的,并处没收违法所得;情节严重的,吊销营业执照;构成犯罪的,依法追究刑事责任。

【条文注释】

本条是关于销售失效、变质产品的法律责任的规定。

本法第35条中规定,销售者不得销售失效、变质的产品。这是法律对销售者规定的产品质量义务,销售者如果违反了这一义务,就要承担相应的产品质量责任。

所谓"失效",是指产品失去了本来应当具有的效力、作用。所谓"变质",是指产品的内在质量发生了本质性的物理、化学变化,失去了产品应当具有的使用价值。

【关联法规】

《刑法》第141~148条

《国家质量监督检验检疫总局关于实施〈中华人民共和国产品质量法〉若干问题的意见》第2、5条

第五十三条 【伪造产地、厂名、厂址的处理】伪造产品产地的,伪造或者冒用他人厂名、厂址的,伪造或者冒用认证标志等质量标志的,责令改正,没收违法生产、销售的产品,并处违法生产、销售产品货值金额等值以下的罚款;有违法所得的,并处没收违法所得;情节严重的,吊销营业执照。

关联法规

《化妆品标识管理规定》第25条

《国家质量监督检验检疫总局关于实施〈中华人民共和国产品质量法〉若干问题的意见》第2、5条

《产品防伪监督管理办法》

第五十四条 【标识不合格的处理】产品标识不符合本法第二十七条规定的,责令改正;有包装的产品标识不符合本法第二十七条第(四)项、第(五)项规定,情节严重的,责令停止生产、销售,并处违法生产、销售产品货值金额百分之三十以下的罚款;有违法所得的,并处没收违法所得。

条文注释

本条是关于产品标识不符合规定的要求应承担的行政责任的规定。

本条关于产品标识的行政处罚,应当根据对标识的不同要求以及情节的轻重,依据本法和有关行政法规的规定执行。

所谓"违法所得",是指生产、销售不符合本法第27条第1款第4、5项规定的产品所获得的违法收入,对此违法收入应当予以没收,上缴国库。

关联法规

《国家质量监督检验检疫总局关于实施〈中华人民共和国产品质量法〉若干问题的意见》第4、9条

第五十五条 【从轻、减轻情形】销售者销售本法第四十九条至第五十三条规定禁止销售的产品,有充分证据证明其不知道该产品为禁止销售的产品并如实说明其进货来源的,可以从轻或者减轻处罚。

条文注释

本条是关于对销售者从轻或者减轻处罚的情形的规定。

所谓"充分",是指销售者所举证据达到足以使人相信其确实不知道所销售的产品为禁止销售的产品的程度。另外,销售者还要如实说明其进货来源。所谓"从轻"处罚,是指在行政处罚的法定种类和法定幅度内,适用较轻的种类或者处罚的下限。所谓"减轻"处罚,是指适用行政处罚的法定最低限度以下的处罚。

关联法规

《国家质量监督检验检疫总局关于实施〈中华人民共和国产品质量法〉若干问题的意见》第5条

第五十六条 【拒检处理】拒绝接受依法进行的产品质量监督检查的,给予警告,责令改正;拒不改正的,责令停业整顿;情节特别严重的,吊销营业执照。

条文注释

本条是关于生产者、销售者拒绝接受依法进行的产品质量监督检查的法律责任的规定。

本法第16条规定,"对依法进行的产品质量监督检查,生产者、销售者不得拒绝"。这一规定是对生产者、销售者的强制性

要求,生产者、销售者违反这一要求,就要依照本条的规定承担法律责任。

关联法规

《产品质量监督抽查管理暂行办法》第7、51条

第五十七条 【伪造检验证明的处理】 产品质量检验机构、认证机构伪造检验结果或者出具虚假证明的,责令改正,对单位处五万元以上十万元以下的罚款,对直接负责的主管人员和其他直接责任人员处一万元以上五万元以下的罚款;有违法所得的,并处没收违法所得;情节严重的,取消其检验资格、认证资格;构成犯罪的,依法追究刑事责任。

产品质量检验机构、认证机构出具的检验结果或者证明不实,造成损失的,应当承担相应的赔偿责任;造成重大损失的,撤销其检验资格、认证资格。

产品质量认证机构违反本法第二十一条第二款的规定,对不符合认证标准而使用认证标志的产品,未依法要求其改正或者取消其使用认证标志资格的,对因产品不符合认证标准给消费者造成的损失,与产品的生产者、销售者承担连带责任;情节严重的,撤销其认证资格。

条文注释

本条共分3款,分别对产品质量检验机构、认证机构伪造检验结果或者出具虚假证明;出具的检验结果或者证明不实;对不符合认证标准而使用认证标志的产品,未依法要求其改正或者取消其使用认证标志资格所应当承担的法律责任作出了规定。

本条第1款规定了产品质量检验机构、认证机构伪造检验结果或者出具虚假证明应当承担的法律责任。本条第2款规定了产品质量检验机构、认证机构出具的检验结果或者证明不实,

造成损失的,应当承担的法律责任。本条第 3 款规定了产品质量认证机构对不符合认证标准而使用认证标志的产品,未依法要求其改正或者取消其使用认证标志资格应当承担的法律责任。

关联法规

《刑法》第 229 条
《产品质量监督抽查管理暂行办法》第 53 条

第五十八条 【团体、中介机构的连带责任】社会团体、社会中介机构对产品质量作出承诺、保证,而该产品又不符合其承诺、保证的质量要求,给消费者造成损失的,与产品的生产者、销售者承担连带责任。

条文注释

本条是关于社会团体、社会中介机构对产品质量作出的承诺、保证不实应承担的法律责任的规定。

连带赔偿责任是民事赔偿责任的一种承担方式,消费者因社会团体、社会中介机构对产品的承诺、保证不实而受到的损失,可以直接向作出承诺、保证的社会团体、社会中介机构请求赔偿,也可以直接向该产品的生产者、销售者请求赔偿,具体向哪一方请求赔偿,由消费者自行选择。作出承诺、保证的社会团体、社会中介机构或者产品的生产者、销售者均应根据消费者的请求,赔偿消费者的全部损失。

关联法规

《消费者权益保护法》第 44、45 条

第五十九条 【广告误导处理】在广告中对产品质量作虚假宣传,欺骗和误导消费者的,依照《中华人民共和国广告法》的规定追究法律责任。

第五章 罚 则

条文注释

本条是关于在广告中对产品质量作虚假宣传的行为人的法律责任的规定。

《广告法》第 28 条对虚假广告作了规定："广告以虚假或者引人误解的内容欺骗、误导消费者的，构成虚假广告。广告有下列情形之一的，为虚假广告：（一）商品或者服务不存在的；（二）商品的性能、功能、产地、用途、质量、规格、成分、价格、生产者、有效期限、销售状况、曾获荣誉等信息，或者服务的内容、提供者、形式、质量、价格、销售状况、曾获荣誉等信息，以及与商品或者服务有关的允诺等信息与实际情况不符，对购买行为有实质性影响的；（三）使用虚构、伪造或者无法验证的科研成果、统计资料、调查结果、文摘、引用语等信息作证明材料的；（四）虚构使用商品或者接受服务的效果的；（五）以虚假或者引人误解的内容欺骗、误导消费者的其他情形。"《广告法》第 55 条规定了发布虚假广告的行政处罚，第 56 条规定了发布虚假广告的民事责任的赔偿主体。任何单位和个人，在广告中对产品质量作虚假宣传的，应根据上述《广告法》的规定承担相应的责任。

关联法规

《电子商务法》第 17 条

《反不正当竞争法》第 20 条

《消费者权益保护法》第 45 条

《刑法》第 222 条

第六十条　【对禁止生产产品的原辅材料、包装物、生产工具的没收】 对生产者专门用于生产本法第四十九条、第五十一条所列的产品或者以假充真的产品的原辅材料、包装物、生产工具，应当予以没收。

【条文注释】

本条是关于对生产者专门用于生产本法禁止生产的产品的原辅材料、包装物、生产工具应当如何处理的规定。

本法第49条和第51条所列的产品包括：不符合保障人体健康和人身、财产安全的国家标准、行业标准的产品以及国家明令淘汰的产品。这些产品与以假充真的产品都属于本法禁止生产、销售的产品。对这些产品应当依法予以处理。但是，要解决专门生产伪劣产品的窝点、"造假专业户"彻底清除难的问题，需要对制造这些产品的原辅材料、包装物、生产工具予以没收。因此，本条对此作出强制性规定，即"对生产者专门用于生产本法第四十九条、第五十一条所列的产品或者以假充真的产品的原辅材料、包装物、生产工具，应当予以没收"，之后再按照国家有关规定进行销毁或者采取其他方式进行处理。

第六十一条 【非法运输、保管、仓储的处理】知道或者应当知道属于本法规定禁止生产、销售的产品而为其提供运输、保管、仓储等便利条件的，或者为以假充真的产品提供制假生产技术的，没收全部运输、保管、仓储或者提供制假生产技术的收入，并处违法收入百分之五十以上三倍以下的罚款；构成犯罪的，依法追究刑事责任。

【条文注释】

本条是关于知道或者应当知道属于本法规定禁止生产、销售的产品而为其提供便利条件或者提供制假生产技术所应当承担的法律责任的规定。

之所以作此规定，是考虑到为产品提供运输、保管、仓储服务的人，并非都知道其所承运、保管、仓储的产品的质量状况，对此要区别对待。另外，目前还存在为以假充真的产品提供制假生产技术的现象，法律对此也作出了禁止性规定。

关联法规

《安全生产违法行为行政处罚办法》第50条

第六十二条 【将禁止销售的产品用于经营性服务的处理】 服务业的经营者将本法第四十九条至第五十二条规定禁止销售的产品用于经营性服务的,责令停止使用;对知道或者应当知道所使用的产品属于本法规定禁止销售的产品的,按照违法使用的产品(包括已使用和尚未使用的产品)的货值金额,依照本法对销售者的处罚规定处罚。

条文注释

本条是关于服务业的经营者将本法规定的禁止销售的产品用于经营性服务所应承担的行政责任的规定。

服务业的经营者将产品用于经营性服务,实际上是一种变相销售产品的行为。因此,服务业的经营者将本法规定的禁止销售的产品用于经营性服务的,应依照本法对销售者的处罚规定对其进行处罚。

这里所说的"货值金额",应根据本法第72条的规定计算,即"以违法生产、销售产品的标价计算;没有标价的,按照同类产品的市场价格计算"。

关联法规

《国家质量监督检验检疫总局关于实施〈中华人民共和国产品质量法〉若干问题的意见》第2、5、9条

第六十三条 【封、押物品隐、转、卖、毁的处理】 隐匿、转移、变卖、损毁被市场监督管理部门查封、扣押的物品的,处被隐匿、转移、变卖、损毁物品货值金额等值以上三倍以下的罚款;有违法所得的,并处没收违法所得。

条文注释

本条是关于对隐匿、转移、变卖、损毁被市场监督管理部门查封、扣押的物品的行为,追究法律责任的规定。

这里所说的"货值金额",应根据本法第72条的规定计算,即"以违法生产、销售产品的标价计算;没有标价的,按照同类产品的市场价格计算"。

这里所说的"违法所得",是指行为人通过隐匿、转移、变卖、损毁被市场监督管理部门查封、扣押的物品而获得的金钱及其他财物。根据本条规定,对这些金钱及其他财物应当予以没收。

> **第六十四条 【民事赔偿优先】** 违反本法规定,应当承担民事赔偿责任和缴纳罚款、罚金,其财产不足以同时支付时,先承担民事赔偿责任。

条文注释

本条是关于民事赔偿和缴纳罚款、罚金的承担顺序的规定。

产品质量违法行为,损害的主要是消费者的利益,主要后果是造成了消费者的人身损害和财产损失。法律对产品质量违法行为人规定了行政责任和刑事责任,其主要目的在于制止违法行为,保护消费者的合法权益。另外,民事赔偿和罚款、罚金的一个重要区别就是,民事赔偿是对受害人损失的弥补,而罚款和罚金是对侵害人的惩罚。根据法律的一般原理,违法行为发生后,法律的最主要目的是恢复原状,即恢复到违法行为没有发生前的状况;在有损害发生的情况下,法律的最主要目的是弥补受害人的损失,对侵害人进行惩罚。因此,产品质量违法行为发生后,违法行为人同时承担民事赔偿责任和缴纳罚款、罚金的责任,当其财产不足以同时支付时,应当首先赔偿受害人的损失,在其财产还有剩余的情况下,再用剩余的财产缴纳罚款、罚金。

关联法规

《消费者权益保护法》第 58 条

第六十五条 【对政府工作人员的处罚】各级人民政府工作人员和其他国家机关工作人员有下列情形之一的,依法给予行政处分;构成犯罪的,依法追究刑事责任:

（一）包庇、放纵产品生产、销售中违反本法规定行为的;

（二）向从事违反本法规定的生产、销售活动的当事人通风报信,帮助其逃避查处的;

（三）阻挠、干预市场监督管理部门依法对产品生产、销售中违反本法规定的行为进行查处,造成严重后果的。

关联法规

《消费者权益保护法》第 61 条
《刑法》第 397、414、417 条

第六十六条 【质检部门超规索取样品和收取费用的处理】市场监督管理部门在产品质量监督抽查中超过规定的数量索取样品或者向被检查人收取检验费用的,由上级市场监督管理部门或者监察机关责令退还;情节严重的,对直接负责的主管人员和其他直接责任人员依法给予行政处分。

条文注释

本条是关于市场监督管理部门在产品质量监督抽查中超过规定的数量索取样品或者向被检查人收取检验费用的法律责任的规定。

所谓"直接负责的主管人员",是指在单位违法行为中负有领导责任的人员,包括违法行为的决策人,事后对单位违法行为予以认可和支持的领导人员,对单位疏于管理的领导人员以及对放任单位违法行为负有不可推卸责任的领导人员。所谓"其他直接责任人员",是指其他直接实施单位违法行为的人员。

第六十七条 【质检部门等向社会推荐产品、参与经营的处理】市场监督管理部门或者其他国家机关违反本法第二十五条的规定,向社会推荐生产者的产品或者以监制、监销等方式参与产品经营活动的,由其上级机关或者监察机关责令改正,消除影响,有违法收入的予以没收;情节严重的,对直接负责的主管人员和其他直接责任人员依法给予行政处分。

产品质量检验机构有前款所列违法行为的,由市场监督管理部门责令改正,消除影响,有违法收入的予以没收,可以并处违法收入一倍以下的罚款;情节严重的,撤销其质量检验资格。

【条文注释】

本条是关于市场监督管理部门或者其他国家机关向社会推荐产品和参与产品的经营活动的法律责任的规定。

所谓"违法收入",是指市场监督管理部门、产品质量检验机构或者其他国家机关违法向社会推荐生产者的产品或者以监制、监销等方式参与产品经营活动所获得的非法收益。对此类违法收入应当予以没收,上缴国库。

所谓"情节严重",既包括市场监督管理部门、产品质量检验机构或者其他国家机关违法向社会推荐生产者的产品次数多、数量大、影响恶劣,其推荐的产品对消费者造成损害等情节;也包括市场监督管理部门、产品质量检验机构或者其他国家机关参与产品经营活动获取的违法收入较多,所推荐的产品存在质量问题,影响恶劣等情节。

第六十八条 【渎职行为的处罚】市场监督管理部门的工作人员滥用职权、玩忽职守、徇私舞弊，构成犯罪的，依法追究刑事责任；尚不构成犯罪的，依法给予行政处分。

条文注释

本条是关于对市场监督管理部门的工作人员的渎职行为追究法律责任的规定。

所谓"滥用职权"，包括两层含义：一是指行使职权违反法律规定；二是指超越法定权限行使职权。所谓"玩忽职守"，是指国家工作人员不认真对待本职工作。市场监督管理部门的工作人员玩忽职守，主要表现为不履行法律、行政法规规定的职责。所谓"徇私舞弊"，是指为了私情或者私利而弄虚作假。市场监督管理部门的工作人员徇私舞弊，是指市场监督管理部门的工作人员在产品质量监督工作中为了私情或者私利，故意违反事实或法律作枉法处理或枉法决定。

关联法规

《刑法》第385、397、414条

《产品质量监督抽查管理暂行办法》第53条

第六十九条 【阻碍公务的处罚】以暴力、威胁方法阻碍市场监督管理部门的工作人员依法执行职务的，依法追究刑事责任；拒绝、阻碍未使用暴力、威胁方法的，由公安机关依照治安管理处罚法的规定处罚。

关联法规

《消费者权益保护法》第60条

《刑法》第277条

第七十条 【处罚权限】本法第四十九条至第五十七条、第六十条至第六十三条规定的行政处罚由市场监督管理部门决定。法律、行政法规对行使行政处罚权的机关另有规定的,依照有关法律、行政法规的规定执行。

条文注释

本条是关于行使本法规定的行政处罚权的行政机关的规定。

根据本条规定,行使本法规定的行政处罚权的行政机关是市场监督管理部门。

所谓"另有规定",主要是指《药品管理法》《食品安全法》《化妆品监督管理条例》《兽药管理条例》等专门法律、行政法规对某些特殊产品的行政处罚机关另有规定的,依照相应法律、行政法规的规定执行。

第七十一条 【没收产品的处理】对依照本法规定没收的产品,依照国家有关规定进行销毁或者采取其他方式处理。

第七十二条 【货值金额的计算】本法第四十九条至第五十四条、第六十二条、第六十三条所规定的货值金额以违法生产、销售产品的标价计算;没有标价的,按照同类产品的市场价格计算。

条文注释

本条是关于对本法第 49~54、62、63 条所规定的货值金额应如何计算的规定。

本条规定的货值金额的计算方法分为两种情况:(1)违法产品有标价的,按照标价计算。这里所说的"标价",是指生产者或销售者以价格表、价格签或其他标价方式标明的产品销售价格。以该项标价乘以违法生产、销售产品的总数量,即为违法生产、销售产品的总货值。(2)违法产品没有标价的,按照同类产品的市场价格计算。违反本法规定生产、销售的伪劣产品,生产者、销售者有时不标明产品的价格,此时执法部门在计算货值金额时,应按照与该产品同种类、同型号的市场上销售的合法产品的市场价格计算。此处所说的"市场价格",是指在一定时期内同类产品的市场平均价格。

第六章 附 则

第七十三条 【特殊规定】军工产品质量监督管理办法,由国务院、中央军事委员会另行制定。

因核设施、核产品造成损害的赔偿责任,法律、行政法规另有规定的,依照其规定。

[条文注释]

本条是关于军工产品质量监督管理以及因核设施、核产品造成损害的赔偿责任的规定。

所谓"军工产品",主要是指武器装备、弹药及其配套产品,包括专用的原材料、元器件等。由于军工产品一般不进入市场销售,并牵涉国家秘密和国家安全的问题,因此不能完全适用本法的规定。其质量监督管理办法,由国务院、中央军事委员会另行制定,目前适用《武器装备质量管理条例》。应注意的是,军工单位生产的民用产品适用本法调整。

因核设施、核产品造成损害的赔偿责任,适用《国务院关于处理第三方核责任问题给核工业部、国家核安全局、国务院核电领导小组的批复》中的相关规定。

第七十四条 【施行日期】本法自1993年9月1日起施行。

附录

一、法 律 法 规

中华人民共和国消费者权益保护法

（1993年10月31日第八届全国人民代表大会常务委员会第四次会议通过 根据2009年8月27日第十一届全国人民代表大会常务委员会第十次会议《关于修改部分法律的决定》第一次修正 根据2013年10月25日第十二届全国人民代表大会常务委员会第五次会议《关于修改〈中华人民共和国消费者权益保护法〉的决定》第二次修正）

目 录

第一章 总　则
第二章 消费者的权利
第三章 经营者的义务
第四章 国家对消费者合法权益的保护
第五章 消费者组织
第六章 争议的解决
第七章 法律责任
第八章 附　则

第一章 总 则

第一条 为保护消费者的合法权益,维护社会经济秩序,促进社会主义市场经济健康发展,制定本法。

第二条 消费者为生活消费需要购买、使用商品或者接受服务,其权益受本法保护;本法未作规定的,受其他有关法律、法规保护。

第三条 经营者为消费者提供其生产、销售的商品或者提供服务,应当遵守本法;本法未作规定的,应当遵守其他有关法律、法规。

第四条 经营者与消费者进行交易,应当遵循自愿、平等、公平、诚实信用的原则。

第五条 国家保护消费者的合法权益不受侵害。

国家采取措施,保障消费者依法行使权利,维护消费者的合法权益。

国家倡导文明、健康、节约资源和保护环境的消费方式,反对浪费。

第六条 保护消费者的合法权益是全社会的共同责任。

国家鼓励、支持一切组织和个人对损害消费者合法权益的行为进行社会监督。

大众传播媒介应当做好维护消费者合法权益的宣传,对损害消费者合法权益的行为进行舆论监督。

第二章 消费者的权利

第七条 消费者在购买、使用商品和接受服务时享有人身、财产安全不受损害的权利。

消费者有权要求经营者提供的商品和服务,符合保障人身、财产安全的要求。

第八条 消费者享有知悉其购买、使用的商品或者接受的服务的真实情况的权利。

消费者有权根据商品或者服务的不同情况,要求经营者提供商品的价格、产地、生产者、用途、性能、规格、等级、主要成份、生产日期、有效期限、检验合格证明、使用方法说明书、售后服务,或者服务的内容、规格、费用等有关情况。

第九条 消费者享有自主选择商品或者服务的权利。

消费者有权自主选择提供商品或者服务的经营者,自主选择商品品种或者服务方式,自主决定购买或者不购买任何一种商品、接受或者不接受任何一项服务。

消费者在自主选择商品或者服务时,有权进行比较、鉴别和挑选。

第十条 消费者享有公平交易的权利。

消费者在购买商品或者接受服务时,有权获得质量保障、价格合理、计量正确等公平交易条件,有权拒绝经营者的强制交易行为。

第十一条 消费者因购买、使用商品或者接受服务受到人身、财产损害的,享有依法获得赔偿的权利。

第十二条 消费者享有依法成立维护自身合法权益的社会组织的权利。

第十三条 消费者享有获得有关消费和消费者权益保护方面的知识的权利。

消费者应当努力掌握所需商品或者服务的知识和使用技能,正确使用商品,提高自我保护意识。

第十四条 消费者在购买、使用商品和接受服务时,享有人格尊严、民族风俗习惯得到尊重的权利,享有个人信息依法得到保护的权利。

第十五条 消费者享有对商品和服务以及保护消费者权益工作进行监督的权利。

消费者有权检举、控告侵害消费者权益的行为和国家机关及其工作人员在保护消费者权益工作中的违法失职行为,有权对保护消费者权益工作提出批评、建议。

第三章　经营者的义务

第十六条　经营者向消费者提供商品或者服务,应当依照本法和其他有关法律、法规的规定履行义务。

经营者和消费者有约定的,应当按照约定履行义务,但双方的约定不得违背法律、法规的规定。

经营者向消费者提供商品或者服务,应当恪守社会公德,诚信经营,保障消费者的合法权益;不得设定不公平、不合理的交易条件,不得强制交易。

第十七条　经营者应当听取消费者对其提供的商品或者服务的意见,接受消费者的监督。

第十八条　经营者应当保证其提供的商品或者服务符合保障人身、财产安全的要求。对可能危及人身、财产安全的商品和服务,应当向消费者作出真实的说明和明确的警示,并说明和标明正确使用商品或者接受服务的方法以及防止危害发生的方法。

宾馆、商场、餐馆、银行、机场、车站、港口、影剧院等经营场所的经营者,应当对消费者尽到安全保障义务。

第十九条　经营者发现其提供的商品或者服务存在缺陷,有危及人身、财产安全危险的,应当立即向有关行政部门报告和告知消费者,并采取停止销售、警示、召回、无害化处理、销毁、停止生产或者服务等措施。采取召回措施的,经营者应当承担消费者因商品被召回支出的必要费用。

第二十条　经营者向消费者提供有关商品或者服务的质量、性能、用途、有效期限等信息,应当真实、全面,不得作虚假或者引人误解的宣传。

经营者对消费者就其提供的商品或者服务的质量和使用方法等问题提出的询问,应当作出真实、明确的答复。

经营者提供商品或者服务应当明码标价。

第二十一条 经营者应当标明其真实名称和标记。

租赁他人柜台或者场地的经营者,应当标明其真实名称和标记。

第二十二条 经营者提供商品或者服务,应当按照国家有关规定或者商业惯例向消费者出具发票等购货凭证或者服务单据;消费者索要发票等购货凭证或者服务单据的,经营者必须出具。

第二十三条 经营者应当保证在正常使用商品或者接受服务的情况下其提供的商品或者服务应当具有的质量、性能、用途和有效期限;但消费者在购买该商品或者接受该服务前已经知道其存在瑕疵,且存在该瑕疵不违反法律强制性规定的除外。

经营者以广告、产品说明、实物样品或者其他方式表明商品或者服务的质量状况的,应当保证其提供的商品或者服务的实际质量与表明的质量状况相符。

经营者提供的机动车、计算机、电视机、电冰箱、空调器、洗衣机等耐用商品或者装饰装修等服务,消费者自接受商品或者服务之日起六个月内发现瑕疵,发生争议的,由经营者承担有关瑕疵的举证责任。

第二十四条 经营者提供的商品或者服务不符合质量要求的,消费者可以依照国家规定、当事人约定退货,或者要求经营者履行更换、修理等义务。没有国家规定和当事人约定的,消费者可以自收到商品之日起七日内退货;七日后符合法定解除合同条件的,消费者可以及时退货,不符合法定解除合同条件的,可以要求经营者履行更换、修理等义务。

依照前款规定进行退货、更换、修理的,经营者应当承担运输等必要费用。

第二十五条 经营者采用网络、电视、电话、邮购等方式销售商品,消费者有权自收到商品之日起七日内退货,且无需说明理由,但下列商品除外:

（一）消费者定作的;

（二）鲜活易腐的;

（三）在线下载或者消费者拆封的音像制品、计算机软件等数字化商品;

（四）交付的报纸、期刊。

除前款所列商品外,其他根据商品性质并经消费者在购买时确认不宜退货的商品,不适用无理由退货。

消费者退货的商品应当完好。经营者应当自收到退回商品之日起七日内返还消费者支付的商品价款。退回商品的运费由消费者承担;经营者和消费者另有约定的,按照约定。

第二十六条 经营者在经营活动中使用格式条款的,应当以显著方式提请消费者注意商品或者服务的数量和质量、价款或者费用、履行期限和方式、安全注意事项和风险警示、售后服务、民事责任等与消费者有重大利害关系的内容,并按照消费者的要求予以说明。

经营者不得以格式条款、通知、声明、店堂告示等方式,作出排除或者限制消费者权利、减轻或者免除经营者责任、加重消费者责任等对消费者不公平、不合理的规定,不得利用格式条款并借助技术手段强制交易。

格式条款、通知、声明、店堂告示等含有前款所列内容的,其内容无效。

第二十七条 经营者不得对消费者进行侮辱、诽谤,不得搜查消费者的身体及其携带的物品,不得侵犯消费者的人身自由。

第二十八条 采用网络、电视、电话、邮购等方式提供商品或者服务的经营者,以及提供证券、保险、银行等金融服务的经营者,应当向消费者提供经营地址、联系方式、商品或者服务的数量和质量、价款或者费用、履行期限和方式、安全注意事项和风险警示、售后服务、民事责任等信息。

第二十九条 经营者收集、使用消费者个人信息，应当遵循合法、正当、必要的原则，明示收集、使用信息的目的、方式和范围，并经消费者同意。经营者收集、使用消费者个人信息，应当公开其收集、使用规则，不得违反法律、法规的规定和双方的约定收集、使用信息。

经营者及其工作人员对收集的消费者个人信息必须严格保密，不得泄露、出售或者非法向他人提供。经营者应当采取技术措施和其他必要措施，确保信息安全，防止消费者个人信息泄露、丢失。在发生或者可能发生信息泄露、丢失的情况时，应当立即采取补救措施。

经营者未经消费者同意或者请求，或者消费者明确表示拒绝的，不得向其发送商业性信息。

第四章 国家对消费者合法权益的保护

第三十条 国家制定有关消费者权益的法律、法规、规章和强制性标准，应当听取消费者和消费者协会等组织的意见。

第三十一条 各级人民政府应当加强领导，组织、协调、督促有关行政部门做好保护消费者合法权益的工作，落实保护消费者合法权益的职责。

各级人民政府应当加强监督，预防危害消费者人身、财产安全行为的发生，及时制止危害消费者人身、财产安全的行为。

第三十二条 各级人民政府工商行政管理部门和其他有关行政部门应当依照法律、法规的规定，在各自的职责范围内，采取措施，保护消费者的合法权益。

有关行政部门应当听取消费者和消费者协会等组织对经营者交易行为、商品和服务质量问题的意见，及时调查处理。

第三十三条　有关行政部门在各自的职责范围内,应当定期或者不定期对经营者提供的商品和服务进行抽查检验,并及时向社会公布抽查检验结果。

有关行政部门发现并认定经营者提供的商品或者服务存在缺陷,有危及人身、财产安全危险的,应当立即责令经营者采取停止销售、警示、召回、无害化处理、销毁、停止生产或者服务等措施。

第三十四条　有关国家机关应当依照法律、法规的规定,惩处经营者在提供商品和服务中侵害消费者合法权益的违法犯罪行为。

第三十五条　人民法院应当采取措施,方便消费者提起诉讼。对符合《中华人民共和国民事诉讼法》起诉条件的消费者权益争议,必须受理,及时审理。

第五章　消费者组织

第三十六条　消费者协会和其他消费者组织是依法成立的对商品和服务进行社会监督的保护消费者合法权益的社会组织。

第三十七条　消费者协会履行下列公益性职责:

(一)向消费者提供消费信息和咨询服务,提高消费者维护自身合法权益的能力,引导文明、健康、节约资源和保护环境的消费方式;

(二)参与制定有关消费者权益的法律、法规、规章和强制性标准;

(三)参与有关行政部门对商品和服务的监督、检查;

(四)就有关消费者合法权益的问题,向有关部门反映、查询,提出建议;

(五)受理消费者的投诉,并对投诉事项进行调查、调解;

(六)投诉事项涉及商品和服务质量问题的,可以委托具备资格的鉴定人鉴定,鉴定人应当告知鉴定意见;

(七)就损害消费者合法权益的行为,支持受损害的消费者提起诉讼或者依照本法提起诉讼；

（八）对损害消费者合法权益的行为，通过大众传播媒介予以揭露、批评。

各级人民政府对消费者协会履行职责应当予以必要的经费等支持。

消费者协会应当认真履行保护消费者合法权益的职责，听取消费者的意见和建议，接受社会监督。

依法成立的其他消费者组织依照法律、法规及其章程的规定，开展保护消费者合法权益的活动。

第三十八条 消费者组织不得从事商品经营和营利性服务，不得以收取费用或者其他牟取利益的方式向消费者推荐商品和服务。

第六章 争议的解决

第三十九条 消费者和经营者发生消费者权益争议的，可以通过下列途径解决：

（一）与经营者协商和解；

（二）请求消费者协会或者依法成立的其他调解组织调解；

（三）向有关行政部门投诉；

（四）根据与经营者达成的仲裁协议提请仲裁机构仲裁；

（五）向人民法院提起诉讼。

第四十条 消费者在购买、使用商品时，其合法权益受到损害的，可以向销售者要求赔偿。销售者赔偿后，属于生产者的责任或者属于向销售者提供商品的其他销售者的责任的，销售者有权向生产者或者其他销售者追偿。

消费者或者其他受害人因商品缺陷造成人身、财产损害的，可以向销售者要求赔偿，也可以向生产者要求赔偿。属于生产者责任的，销售者赔偿后，有权向生产者追偿。属于销售者责任的，生产者赔偿后,有权向销售者追偿。

消费者在接受服务时,其合法权益受到损害的,可以向服务者要求赔偿。

第四十一条 消费者在购买、使用商品或者接受服务时,其合法权益受到损害,因原企业分立、合并的,可以向变更后承受其权利义务的企业要求赔偿。

第四十二条 使用他人营业执照的违法经营者提供商品或者服务,损害消费者合法权益的,消费者可以向其要求赔偿,也可以向营业执照的持有人要求赔偿。

第四十三条 消费者在展销会、租赁柜台购买商品或者接受服务,其合法权益受到损害的,可以向销售者或者服务者要求赔偿。展销会结束或者柜台租赁期满后,也可以向展销会的举办者、柜台的出租者要求赔偿。展销会的举办者、柜台的出租者赔偿后,有权向销售者或者服务者追偿。

第四十四条 消费者通过网络交易平台购买商品或者接受服务,其合法权益受到损害的,可以向销售者或者服务者要求赔偿。网络交易平台提供者不能提供销售者或者服务者的真实名称、地址和有效联系方式的,消费者也可以向网络交易平台提供者要求赔偿;网络交易平台提供者作出更有利于消费者的承诺的,应当履行承诺。网络交易平台提供者赔偿后,有权向销售者或者服务者追偿。

网络交易平台提供者明知或者应知销售者或者服务者利用其平台侵害消费者合法权益,未采取必要措施的,依法与该销售者或者服务者承担连带责任。

第四十五条 消费者因经营者利用虚假广告或者其他虚假宣传方式提供商品或者服务,其合法权益受到损害的,可以向经营者要求赔偿。广告经营者、发布者发布虚假广告的,消费者可以请求行政主管部门予以惩处。广告经营者、发布者不能提供经营者的真实名称、地址和有效联系方式的,应当承担赔偿责任。

广告经营者、发布者设计、制作、发布关系消费者生命健康商品或者服务的虚假广告，造成消费者损害的，应当与提供该商品或者服务的经营者承担连带责任。

社会团体或者其他组织、个人在关系消费者生命健康商品或者服务的虚假广告或者其他虚假宣传中向消费者推荐商品或者服务，造成消费者损害的，应当与提供该商品或者服务的经营者承担连带责任。

第四十六条 消费者向有关行政部门投诉的，该部门应当自收到投诉之日起七个工作日内，予以处理并告知消费者。

第四十七条 对侵害众多消费者合法权益的行为，中国消费者协会以及在省、自治区、直辖市设立的消费者协会，可以向人民法院提起诉讼。

第七章　法　律　责　任

第四十八条 经营者提供商品或者服务有下列情形之一的，除本法另有规定外，应当依照其他有关法律、法规的规定，承担民事责任：

（一）商品或者服务存在缺陷的；

（二）不具备商品应当具备的使用性能而出售时未作说明的；

（三）不符合在商品或者其包装上注明采用的商品标准的；

（四）不符合商品说明、实物样品等方式表明的质量状况的；

（五）生产国家明令淘汰的商品或者销售失效、变质的商品的；

（六）销售的商品数量不足的；

（七）服务的内容和费用违反约定的；

（八）对消费者提出的修理、重作、更换、退货、补足商品数量、退还货款和服务费用或者赔偿损失的要求，故意拖延或者无理拒绝的；

（九）法律、法规规定的其他损害消费者权益的情形。

经营者对消费者未尽到安全保障义务,造成消费者损害的,应当承担侵权责任。

第四十九条 经营者提供商品或者服务,造成消费者或者其他受害人人身伤害的,应当赔偿医疗费、护理费、交通费等为治疗和康复支出的合理费用,以及因误工减少的收入。造成残疾的,还应当赔偿残疾生活辅助具费和残疾赔偿金。造成死亡的,还应当赔偿丧葬费和死亡赔偿金。

第五十条 经营者侵害消费者的人格尊严、侵犯消费者人身自由或者侵害消费者个人信息依法得到保护的权利的,应当停止侵害、恢复名誉、消除影响、赔礼道歉,并赔偿损失。

第五十一条 经营者有侮辱诽谤、搜查身体、侵犯人身自由等侵害消费者或者其他受害人人身权益的行为,造成严重精神损害的,受害人可以要求精神损害赔偿。

第五十二条 经营者提供商品或者服务,造成消费者财产损害的,应当依照法律规定或者当事人约定承担修理、重作、更换、退货、补足商品数量、退还货款和服务费用或者赔偿损失等民事责任。

第五十三条 经营者以预收款方式提供商品或者服务的,应当按照约定提供。未按照约定提供的,应当按照消费者的要求履行约定或者退回预付款;并应当承担预付款的利息、消费者必须支付的合理费用。

第五十四条 依法经有关行政部门认定为不合格的商品,消费者要求退货的,经营者应当负责退货。

第五十五条 经营者提供商品或者服务有欺诈行为的,应当按照消费者的要求增加赔偿其受到的损失,增加赔偿的金额为消费者购买商品的价款或者接受服务的费用的三倍;增加赔偿的金额不足五百元的,为五百元。法律另有规定的,依照其规定。

经营者明知商品或者服务存在缺陷,仍然向消费者提供,造成消费者或者其他受害人死亡或者健康严重损害的,受害人有权要求经营者依照本法第四十九条、第五十一条等法律规定赔偿损失,并有权要求所受损失二倍以下的惩罚性赔偿。

第五十六条 经营者有下列情形之一,除承担相应的民事责任外,其他有关法律、法规对处罚机关和处罚方式有规定的,依照法律、法规的规定执行;法律、法规未作规定的,由工商行政管理部门或者其他有关行政部门责令改正,可以根据情节单处或者并处警告、没收违法所得、处以违法所得一倍以上十倍以下的罚款,没有违法所得的,处以五十万元以下的罚款;情节严重的,责令停业整顿、吊销营业执照:

(一)提供的商品或者服务不符合保障人身、财产安全要求的;

(二)在商品中掺杂、掺假,以假充真,以次充好,或者以不合格商品冒充合格商品的;

(三)生产国家明令淘汰的商品或者销售失效、变质的商品的;

(四)伪造商品的产地,伪造或者冒用他人的厂名、厂址,篡改生产日期,伪造或者冒用认证标志等质量标志的;

(五)销售的商品应当检验、检疫而未检验、检疫或者伪造检验、检疫结果的;

(六)对商品或者服务作虚假或者引人误解的宣传的;

(七)拒绝或者拖延有关行政部门责令对缺陷商品或者服务采取停止销售、警示、召回、无害化处理、销毁、停止生产或者服务等措施的;

(八)对消费者提出的修理、重作、更换、退货、补足商品数量、退还货款和服务费用或者赔偿损失的要求,故意拖延或者无理拒绝的;

(九)侵害消费者人格尊严、侵犯消费者人身自由或者侵害消费者个人信息依法得到保护的权利的;

(十)法律、法规规定的对损害消费者权益应当予以处罚的其他情形。

经营者有前款规定情形的,除依照法律、法规规定予以处罚外,处罚机关应当记入信用档案,向社会公布。

第五十七条 经营者违反本法规定提供商品或者服务,侵害消费者合法权益,构成犯罪的,依法追究刑事责任。

第五十八条 经营者违反本法规定,应当承担民事赔偿责任和缴纳罚款、罚金,其财产不足以同时支付的,先承担民事赔偿责任。

第五十九条 经营者对行政处罚决定不服的,可以依法申请行政复议或者提起行政诉讼。

第六十条 以暴力、威胁等方法阻碍有关行政部门工作人员依法执行职务的,依法追究刑事责任;拒绝、阻碍有关行政部门工作人员依法执行职务,未使用暴力、威胁方法的,由公安机关依照《中华人民共和国治安管理处罚法》的规定处罚。

第六十一条 国家机关工作人员玩忽职守或者包庇经营者侵害消费者合法权益的行为的,由其所在单位或者上级机关给予行政处分;情节严重,构成犯罪的,依法追究刑事责任。

第八章 附 则

第六十二条 农民购买、使用直接用于农业生产的生产资料,参照本法执行。

第六十三条 本法自1994年1月1日起施行。

中华人民共和国
反不正当竞争法(节录)

(1993年9月2日第八届全国人民代表大会常务委员会第三次会议通过 2017年11月4日第十二届全国人民代表大会常务委员会第三十次会议修订 根据2019年4月23日第十三届全国人民代表大会常务委员会第十次会议《关于修改〈中华人民共和国建筑法〉等八部法律的决定》修正)

第六条 经营者不得实施下列混淆行为,引人误认为是他人商品或者与他人存在特定联系的:

(一)擅自使用与他人有一定影响的商品名称、包装、装潢等相同或者近似的标识;

(二)擅自使用他人有一定影响的企业名称(包括简称、字号等)、社会组织名称(包括简称等)、姓名(包括笔名、艺名、译名等);

(三)擅自使用他人有一定影响的域名主体部分、网站名称、网页等;

(四)其他足以引人误认为是他人商品或者与他人存在特定联系的混淆行为。

第八条 经营者不得对其商品的性能、功能、质量、销售状况、用户评价、曾获荣誉等作虚假或者引人误解的商业宣传,欺骗、误导消费者。

经营者不得通过组织虚假交易等方式,帮助其他经营者进行虚假或者引人误解的商业宣传。

第十七条 经营者违反本法规定,给他人造成损害的,应当依法承担民事责任。

经营者的合法权益受到不正当竞争行为损害的,可以向人民法院提起诉讼。

因不正当竞争行为受到损害的经营者的赔偿数额,按照其因被侵权所受到的实际损失确定;实际损失难以计算的,按照侵权人因侵权所获得的利益确定。经营者恶意实施侵犯商业秘密行为,情节严重的,可以在按照上述方法确定数额的一倍以上五倍以下确定赔偿数额。赔偿数额还应当包括经营者为制止侵权行为所支付的合理开支。

经营者违反本法第六条、第九条规定,权利人因被侵权所受到的实际损失、侵权人因侵权所获得的利益难以确定的,由人民法院根据侵权行为的情节判决给予权利人五百万元以下的赔偿。

第十八条 经营者违反本法第六条规定实施混淆行为的,由监督检查部门责令停止违法行为,没收违法商品。违法经营额五万元以上的,可以并处违法经营额五倍以下的罚款;没有违法经营额或者违法经营额不足五万元的,可以并处二十五万元以下的罚款。情节严重的,吊销营业执照。

经营者登记的企业名称违反本法第六条规定的,应当及时办理名称变更登记;名称变更前,由原企业登记机关以统一社会信用代码代替其名称。

第二十条 经营者违反本法第八条规定对其商品作虚假或者引人误解的商业宣传,或者通过组织虚假交易等方式帮助其他经营者进行虚假或者引人误解的商业宣传的,由监督检查部门责令停止违法行为,处二十万元以上一百万元以下的罚款;情节严重的,处一百万元以上二百万元以下的罚款,可以吊销营业执照。

经营者违反本法第八条规定,属于发布虚假广告的,依照《中华人民共和国广告法》的规定处罚。

第二十七条 经营者违反本法规定,应当承担民事责任、行政责任和刑事责任,其财产不足以支付的,优先用于承担民事责任。

第二十八条 妨害监督检查部门依照本法履行职责,拒绝、阻碍调查的,由监督检查部门责令改正,对个人可以处五千元以下的罚款,对单位可以处五万元以下的罚款,并可以由公安机关依法给予治安管理处罚。

中华人民共和国
药品管理法(节录)

(1984年9月20日第六届全国人民代表大会常务委员会第七次会议通过 2001年2月28日第九届全国人民代表大会常务委员会第二十次会议第一次修订 根据2013年12月28日第十二届全国人民代表大会常务委员会第六次会议《关于修改〈中华人民共和国海洋环境保护法〉等七部法律的决定》第一次修正 根据2015年4月24日第十二届全国人民代表大会常务委员会第十四次会议《关于修改〈中华人民共和国药品管理法〉的决定》第二次修正 2019年8月26日第十三届全国人民代表大会常务委员会第十二次会议第二次修订)

第八条 国务院药品监督管理部门主管全国药品监督管理工作。国务院有关部门在各自职责范围内负责与药品有关的监督管理工作。国务院药品监督管理部门配合国务院有关部门,执行国家药品行业发展规划和产业政策。

省、自治区、直辖市人民政府药品监督管理部门负责本行政区域内的药品监督管理工作。设区的市级、县级人民政府承担药品监督管理职责的部门(以下称药品监督管理部门)负责本行政区域内的药品监督管理工作。县级以上地方人民政府有关部门在各自职责范围内负责与药品有关的监督管理工作。

第十一条 药品监督管理部门设置或者指定的药品专业技术机构,承担依法实施药品监督管理所需的审评、检验、核查、监测与评价等工作。

第二十八条 药品应当符合国家药品标准。经国务院药品监督管理部门核准的药品质量标准高于国家药品标准的,按照经核准的药品质量标准执行;没有国家药品标准的,应当符合经核准的药品质量标准。

国务院药品监督管理部门颁布的《中华人民共和国药典》和药品标准为国家药品标准。

国务院药品监督管理部门会同国务院卫生健康主管部门组织药典委员会,负责国家药品标准的制定和修订。

国务院药品监督管理部门设置或者指定的药品检验机构负责标定国家药品标准品、对照品。

第三十一条 药品上市许可持有人应当建立药品质量保证体系,配备专门人员独立负责药品质量管理。

药品上市许可持有人应当对受托药品生产企业、药品经营企业的质量管理体系进行定期审核,监督其持续具备质量保证和控制能力。

第四十六条 直接接触药品的包装材料和容器,应当符合药用要求,符合保障人体健康、安全的标准。

对不合格的直接接触药品的包装材料和容器,由药品监督管理部门责令停止使用。

第四十七条 药品生产企业应当对药品进行质量检验。不符合国家药品标准的,不得出厂。

药品生产企业应当建立药品出厂放行规程,明确出厂放行的标准、条件。符合标准、条件的,经质量受权人签字后方可放行。

第四十八条 药品包装应当适合药品质量的要求,方便储存、运输和医疗使用。

发运中药材应当有包装。在每件包装上,应当注明品名、产地、日期、供货单位,并附有质量合格的标志。

第四十九条 药品包装应当按照规定印有或者贴有标签并附有说明书。

标签或者说明书应当注明药品的通用名称、成份、规格、上市许可持有人及其地址、生产企业及其地址、批准文号、产品批号、生产日期、有效期、适应症或者功能主治、用法、用量、禁忌、不良反应和注意事项。标签、说明书中的文字应当清晰,生产日期、有效期等事项应当显著标注,容易辨识。

麻醉药品、精神药品、医疗用毒性药品、放射性药品、外用药品和非处方药的标签、说明书,应当印有规定的标志。

第七十一条 医疗机构应当有与所使用药品相适应的场所、设备、仓储设施和卫生环境,制定和执行药品保管制度,采取必要的冷藏、防冻、防潮、防虫、防鼠等措施,保证药品质量。

第八十九条 药品广告应当经广告主所在地省、自治区、直辖市人民政府确定的广告审查机关批准;未经批准的,不得发布。

第九十条 药品广告的内容应当真实、合法,以国务院药品监督管理部门核准的药品说明书为准,不得含有虚假的内容。

药品广告不得含有表示功效、安全性的断言或者保证;不得利用国家机关、科研单位、学术机构、行业协会或者专家、学者、医师、药师、患者等的名义或者形象作推荐、证明。

非药品广告不得有涉及药品的宣传。

第九十八条 禁止生产(包括配制,下同)、销售、使用假药、劣药。

有下列情形之一的,为假药:

(一)药品所含成份与国家药品标准规定的成份不符;

(二)以非药品冒充药品或者以他种药品冒充此种药品;

(三)变质的药品;

(四)药品所标明的适应症或者功能主治超出规定范围。

有下列情形之一的,为劣药:

(一)药品成份的含量不符合国家药品标准;

(二)被污染的药品;

(三)未标明或者更改有效期的药品;

(四)未注明或者更改产品批号的药品;

(五)超过有效期的药品;

(六)擅自添加防腐剂、辅料的药品;

(七)其他不符合药品标准的药品。

禁止未取得药品批准证明文件生产、进口药品;禁止使用未按照规定审评、审批的原料药、包装材料和容器生产药品。

第一百一十条　地方人民政府及其药品监督管理部门不得以要求实施药品检验、审批等手段限制或者排斥非本地区药品上市许可持有人、药品生产企业生产的药品进入本地区。

第一百一十一条　药品监督管理部门及其设置或者指定的药品专业技术机构不得参与药品生产经营活动,不得以其名义推荐或者监制、监销药品。

药品监督管理部门及其设置或者指定的药品专业技术机构的工作人员不得参与药品生产经营活动。

第一百一十六条　生产、销售假药的,没收违法生产、销售的药品和违法所得,责令停产停业整顿,吊销药品批准证明文件,并处违法生产、销售的药品货值金额十五倍以上三十倍以下的罚款;货值金额不足十万元的,按十万元计算;情节严重的,吊销药品生产许可证、药品经营许可证或者医疗机构制剂许可证,十年内不受理其相应申请;药品上市许可持有人为境外企业的,十年内禁止其药品进口。

第一百一十七条 生产、销售劣药的,没收违法生产、销售的药品和违法所得,并处违法生产、销售的药品货值金额十倍以上二十倍以下的罚款;违法生产、批发的药品货值金额不足十万元的,按十万元计算,违法零售的药品货值金额不足一万元的,按一万元计算;情节严重的,责令停产停业整顿直至吊销药品批准证明文件、药品生产许可证、药品经营许可证或者医疗机构制剂许可证。

生产、销售的中药饮片不符合药品标准,尚不影响安全性、有效性的,责令限期改正,给予警告;可以处十万元以上五十万元以下的罚款。

第一百一十八条 生产、销售假药,或者生产、销售劣药且情节严重的,对法定代表人、主要负责人、直接负责的主管人员和其他责任人员,没收违法行为发生期间自本单位所获收入,并处所获收入百分之三十以上三倍以下的罚款,终身禁止从事药品生产经营活动,并可以由公安机关处五日以上十五日以下的拘留。

对生产者专门用于生产假药、劣药的原料、辅料、包装材料、生产设备予以没收。

第一百一十九条 药品使用单位使用假药、劣药的,按照销售假药、零售劣药的规定处罚;情节严重的,法定代表人、主要负责人、直接负责的主管人员和其他责任人员有医疗卫生人员执业证书的,还应当吊销执业证书。

第一百二十条 知道或者应当知道属于假药、劣药或者本法第一百二十四条第一款第一项至第五项规定的药品,而为其提供储存、运输等便利条件的,没收全部储存、运输收入,并处违法收入一倍以上五倍以下的罚款;情节严重的,并处违法收入五倍以上十五倍以下的罚款;违法收入不足五万元的,按五万元计算。

第一百二十一条 对假药、劣药的处罚决定,应当依法载明药品检验机构的质量检验结论。

第一百二十八条 除依法应当按照假药、劣药处罚的外,药品包装未按照规定印有、贴有标签或者附有说明书,标签、说明书未按照规定注明相关信息或者印有规定标志的,责令改正,给予警告;情节严重的,吊销药品注册证书。

第一百三十八条 药品检验机构出具虚假检验报告的,责令改正,给予警告,对单位并处二十万元以上一百万元以下的罚款;对直接负责的主管人员和其他直接责任人员依法给予降级、撤职、开除处分,没收违法所得,并处五万元以下的罚款;情节严重的,撤销其检验资格。药品检验机构出具的检验结果不实,造成损失的,应当承担相应的赔偿责任。

中华人民共和国民法典(节录)

(2020年5月28日第十三届全国人民代表大会第三次会议通过 2020年5月28日中华人民共和国主席令第45号公布 自2021年1月1日起施行)

第四章 产品责任

第一千二百零二条 因产品存在缺陷造成他人损害的,生产者应当承担侵权责任。

第一千二百零三条 因产品存在缺陷造成他人损害的,被侵权人可以向产品的生产者请求赔偿,也可以向产品的销售者请求赔偿。

产品缺陷由生产者造成的,销售者赔偿后,有权向生产者追偿。因销售者的过错使产品存在缺陷的,生产者赔偿后,有权向销售者追偿。

第一千二百零四条 因运输者、仓储者等第三人的过错使产品存在缺陷,造成他人损害的,产品的生产者、销售者赔偿后,有权向第三人追偿。

第一千二百零五条 因产品缺陷危及他人人身、财产安全的,被侵权人有权请求生产者、销售者承担停止侵害、排除妨碍、消除危险等侵权责任。

第一千二百零六条 产品投入流通后发现存在缺陷的,生产者、销售者应当及时采取停止销售、警示、召回等补救措施;未及时采取补救措施或者补救措施不力造成损害扩大的,对扩大的损害也应当承担侵权责任。

依据前款规定采取召回措施的,生产者、销售者应当负担被侵权人因此支出的必要费用。

第一千二百零七条 明知产品存在缺陷仍然生产、销售,或者没有依据前条规定采取有效补救措施,造成他人死亡或者健康严重损害的,被侵权人有权请求相应的惩罚性赔偿。

中华人民共和国刑法(节录)

(1979年7月1日第五届全国人民代表大会第二次会议通过 1997年3月14日第八届全国人民代表大会第五次会议修订 根据1998年12月29日第九届全国人民代表大会常务委员会第六次会议通过的《关于惩治骗购外汇、逃汇和非法买卖外汇犯罪的决定》、1999年12月25日第九届全国人民代表大会常务委员会第十三次会议通过的《中华人民共和国刑法修正案》、2001年8月31日第九届全国人民代表大会常务委员会第二十三次会议通过的《中华人民共和国刑法修正案(二)》、2001年12月29日第九届全国人民代表大会常务委员会第二十五次会议通过的《中华人民共和国刑法修正案(三)》、2002年12月28日第九届全国人民代表大会常务委员会第三十一次会议通过的《中华人民共和国刑法修正案(四)》、2005年2月28日第十届全国人民代表大会常务委员会第十四次会议通过的《中华人民共和国刑法修正案(五)》、2006年6月29日第十届全国人民代表大会常务委员会第二十二次会议通过的《中华人民共和国刑法修正案(六)》、2009年2月28日第十一届全国人民代表大会常务委员会第七次会议通过的《中华人民共和国刑法修正案(七)》、2009年8月27日第十一届全国人民代表大会常务委员会第十次会议通过的《关于修改部分法律的决定》、2011年2月25日第十一届全国人民代表大会常务委员会第十九次会议通过的《中华人民共和国刑法修正案(八)》、2015年8月29日第十二届全国人民代表大会常务委员会第十六次会议通过的《中华人民共和国刑法修正案(九)》、2017年11月4日第十二届全国人民代表大会常务委员会第三十次会议通过的《中华人民共和国刑法修正案(十)》、2020年12月26日第十三届全国人民代表大会常务委员会第二十四次会议通过的《中华人民共和国刑法修正案(十一)》和2023年12月29日第十四届全国人民代表大会常务委员会第七次会议通过的《中华人民共和国刑法修正案(十二)》修正[①])

[①] 刑法、历次刑法修正案、涉及修改刑法的决定的施行日期,分别依据各法律所规定的施行日期确定。

第三章　破坏社会主义市场经济秩序罪

第一节　生产、销售伪劣商品罪

第一百四十条　生产者、销售者在产品中掺杂、掺假,以假充真,以次充好或者以不合格产品冒充合格产品,销售金额五万元以上不满二十万元的,处二年以下有期徒刑或者拘役,并处或者单处销售金额百分之五十以上二倍以下罚金;销售金额二十万元以上不满五十万元的,处二年以上七年以下有期徒刑,并处销售金额百分之五十以上二倍以下罚金;销售金额五十万元以上不满二百万元的,处七年以上有期徒刑,并处销售金额百分之五十以上二倍以下罚金;销售金额二百万元以上的,处十五年有期徒刑或者无期徒刑,并处销售金额百分之五十以上二倍以下罚金或者没收财产。

第一百四十一条　生产、销售假药的,处三年以下有期徒刑或者拘役,并处罚金;对人体健康造成严重危害或者有其他严重情节的,处三年以上十年以下有期徒刑,并处罚金;致人死亡或者有其他特别严重情节的,处十年以上有期徒刑、无期徒刑或者死刑,并处罚金或者没收财产。

药品使用单位的人员明知是假药而提供给他人使用的,依照前款的规定处罚。

第一百四十二条　生产、销售劣药,对人体健康造成严重危害的,处三年以上十年以下有期徒刑,并处罚金;后果特别严重的,处十年以上有期徒刑或者无期徒刑,并处罚金或者没收财产。

药品使用单位的人员明知是劣药而提供给他人使用的,依照前款的规定处罚。

第一百四十二条之一　违反药品管理法规,有下列情形之一,足以严重危害人体健康的,处三年以下有期徒刑或者拘役,并处或者单

处罚金;对人体健康造成严重危害或者有其他严重情节的,处三年以上七年以下有期徒刑,并处罚金:

(一)生产、销售国务院药品监督管理部门禁止使用的药品的;

(二)未取得药品相关批准证明文件生产、进口药品或者明知是上述药品而销售的;

(三)药品申请注册中提供虚假的证明、数据、资料、样品或者采取其他欺骗手段的;

(四)编造生产、检验记录的。

有前款行为,同时又构成本法第一百四十一条、第一百四十二条规定之罪或者其他犯罪的,依照处罚较重的规定定罪处罚。

第一百四十三条 生产、销售不符合食品安全标准的食品,足以造成严重食物中毒事故或者其他严重食源性疾病的,处三年以下有期徒刑或者拘役,并处罚金;对人体健康造成严重危害或者有其他严重情节的,处三年以上七年以下有期徒刑,并处罚金;后果特别严重的,处七年以上有期徒刑或者无期徒刑,并处罚金或者没收财产。

第一百四十四条 在生产、销售的食品中掺入有毒、有害的非食品原料的,或者销售明知掺有有毒、有害的非食品原料的食品的,处五年以下有期徒刑,并处罚金;对人体健康造成严重危害或者有其他严重情节的,处五年以上十年以下有期徒刑,并处罚金;致人死亡或者有其他特别严重情节的,依照本法第一百四十一条的规定处罚。

第一百四十五条 生产不符合保障人体健康的国家标准、行业标准的医疗器械、医用卫生材料,或者销售明知是不符合保障人体健康的国家标准、行业标准的医疗器械、医用卫生材料,足以严重危害人体健康的,处三年以下有期徒刑或者拘役,并处销售金额百分之五十以上二倍以下罚金;对人体健康造成严重危害的,处三年以上十年以下有期徒刑,并处销售金额百分之五十以上二倍以下罚金;后果特别严重的,处十年以上有期徒刑或者无期徒刑,并处销售金额百分之五十以上二倍以下罚金或者没收财产。

第一百四十六条 生产不符合保障人身、财产安全的国家标准、行业标准的电器、压力容器、易燃易爆产品或者其他不符合保障人身、财产安全的国家标准、行业标准的产品，或者销售明知是以上不符合保障人身、财产安全的国家标准、行业标准的产品，造成严重后果的，处五年以下有期徒刑，并处销售金额百分之五十以上二倍以下罚金；后果特别严重的，处五年以上有期徒刑，并处销售金额百分之五十以上二倍以下罚金。

第一百四十七条 生产假农药、假兽药、假化肥，销售明知是假的或者失去使用效能的农药、兽药、化肥、种子，或者生产者、销售者以不合格的农药、兽药、化肥、种子冒充合格的农药、兽药、化肥、种子，使生产遭受较大损失的，处三年以下有期徒刑或者拘役，并处或者单处销售金额百分之五十以上二倍以下罚金；使生产遭受重大损失的，处三年以上七年以下有期徒刑，并处销售金额百分之五十以上二倍以下罚金；使生产遭受特别重大损失的，处七年以上有期徒刑或者无期徒刑，并处销售金额百分之五十以上二倍以下罚金或者没收财产。

第一百四十八条 生产不符合卫生标准的化妆品，或者销售明知是不符合卫生标准的化妆品，造成严重后果的，处三年以下有期徒刑或者拘役，并处或者单处销售金额百分之五十以上二倍以下罚金。

第一百四十九条 生产、销售本节第一百四十一条至第一百四十八条所列产品，不构成各该条规定的犯罪，但是销售金额在五万元以上的，依照本节第一百四十条的规定定罪处罚。

生产、销售本节第一百四十一条至第一百四十八条所列产品，构成各该条规定的犯罪，同时又构成本节第一百四十条规定之罪的，依照处罚较重的规定定罪处罚。

第一百五十条 单位犯本节第一百四十条至第一百四十八条规定之罪的，对单位判处罚金，并对其直接负责的主管人员和其他直接责任人员，依照各该条的规定处罚。

第二百一十三条 未经注册商标所有人许可,在同一种商品、服务上使用与其注册商标相同的商标,情节严重的,处三年以下有期徒刑,并处或者单处罚金;情节特别严重的,处三年以上十年以下有期徒刑,并处罚金。

第二百一十四条 销售明知是假冒注册商标的商品,违法所得数额较大或者有其他严重情节的,处三年以下有期徒刑,并处或者单处罚金;违法所得数额巨大或者有其他特别严重情节的,处三年以上十年以下有期徒刑,并处罚金。

第二百一十五条 伪造、擅自制造他人注册商标标识或者销售伪造、擅自制造的注册商标标识,情节严重的,处三年以下有期徒刑,并处或者单处罚金;情节特别严重的,处三年以上十年以下有期徒刑,并处罚金。

第二百二十条 单位犯本节第二百一十三条至第二百一十九条之一规定之罪的,对单位判处罚金,并对其直接负责的主管人员和其他直接责任人员,依照本节各该条的规定处罚。

第二百二十二条 广告主、广告经营者、广告发布者违反国家规定,利用广告对商品或者服务作虚假宣传,情节严重的,处二年以下有期徒刑或者拘役,并处或者单处罚金。

第三百九十七条 国家机关工作人员滥用职权或者玩忽职守,致使公共财产、国家和人民利益遭受重大损失的,处三年以下有期徒刑或者拘役;情节特别严重的,处三年以上七年以下有期徒刑。本法另有规定的,依照规定。

国家机关工作人员徇私舞弊,犯前款罪的,处五年以下有期徒刑或者拘役;情节特别严重的,处五年以上十年以下有期徒刑。本法另有规定的,依照规定。

第四百一十四条 对生产、销售伪劣商品犯罪行为负有追究责任的国家机关工作人员,徇私舞弊,不履行法律规定的追究职责,情节严重的,处五年以下有期徒刑或者拘役。

中华人民共和国农产品质量安全法

（2006年4月29日第十届全国人民代表大会常务委员会第二十一次会议通过 根据2018年10月26日第十三届全国人民代表大会常务委员会第六次会议《关于修改〈中华人民共和国野生动物保护法〉等十五部法律的决定》修正 2022年9月2日第十三届全国人民代表大会常务委员会第三十六次会议修订）

目　　录

第一章　总　　则
第二章　农产品质量安全风险管理和标准制定
第三章　农产品产地
第四章　农产品生产
第五章　农产品销售
第六章　监督管理
第七章　法律责任
第八章　附　　则

第一章　总　　则

第一条　为了保障农产品质量安全，维护公众健康，促进农业和农村经济发展,制定本法。

第二条　本法所称农产品,是指来源于种植业、林业、畜牧业和渔业等的初级产品,即在农业活动中获得的植物、动物、微生物及其产品。

本法所称农产品质量安全,是指农产品质量达到农产品质量安全标准,符合保障人的健康、安全的要求。

第三条　与农产品质量安全有关的农产品生产经营及其监督管理活动,适用本法。

《中华人民共和国食品安全法》对食用农产品的市场销售、有关质量安全标准的制定、有关安全信息的公布和农业投入品已经作出规定的,应当遵守其规定。

第四条　国家加强农产品质量安全工作,实行源头治理、风险管理、全程控制,建立科学、严格的监督管理制度,构建协同、高效的社会共治体系。

第五条　国务院农业农村主管部门、市场监督管理部门依照本法和规定的职责,对农产品质量安全实施监督管理。

国务院其他有关部门依照本法和规定的职责承担农产品质量安全的有关工作。

第六条　县级以上地方人民政府对本行政区域的农产品质量安全工作负责,统一领导、组织、协调本行政区域的农产品质量安全工作,建立健全农产品质量安全工作机制,提高农产品质量安全水平。

县级以上地方人民政府应当依照本法和有关规定,确定本级农业农村主管部门、市场监督管理部门和其他有关部门的农产品质量安全监督管理工作职责。各有关部门在职责范围内负责本行政区域的农产品质量安全监督管理工作。

乡镇人民政府应当落实农产品质量安全监督管理责任,协助上级人民政府及其有关部门做好农产品质量安全监督管理工作。

第七条　农产品生产经营者应当对其生产经营的农产品质量安

全负责。

农产品生产经营者应当依照法律、法规和农产品质量安全标准从事生产经营活动,诚信自律,接受社会监督,承担社会责任。

第八条 县级以上人民政府应当将农产品质量安全管理工作纳入本级国民经济和社会发展规划,所需经费列入本级预算,加强农产品质量安全监督管理能力建设。

第九条 国家引导、推广农产品标准化生产,鼓励和支持生产绿色优质农产品,禁止生产、销售不符合国家规定的农产品质量安全标准的农产品。

第十条 国家支持农产品质量安全科学技术研究,推行科学的质量安全管理方法,推广先进安全的生产技术。国家加强农产品质量安全科学技术国际交流与合作。

第十一条 各级人民政府及有关部门应当加强农产品质量安全知识的宣传,发挥基层群众性自治组织、农村集体经济组织的优势和作用,指导农产品生产经营者加强质量安全管理,保障农产品消费安全。

新闻媒体应当开展农产品质量安全法律、法规和农产品质量安全知识的公益宣传,对违法行为进行舆论监督。有关农产品质量安全的宣传报道应当真实、公正。

第十二条 农民专业合作社和农产品行业协会等应当及时为其成员提供生产技术服务,建立农产品质量安全管理制度,健全农产品质量安全控制体系,加强自律管理。

第二章 农产品质量安全风险管理和标准制定

第十三条 国家建立农产品质量安全风险监测制度。

国务院农业农村主管部门应当制定国家农产品质量安全风险监测计划,并对重点区域、重点农产品品种进行质量安全风险监测。

省、自治区、直辖市人民政府农业农村主管部门应当根据国家农产品质量安全风险监测计划,结合本行政区域农产品生产经营实际,制定本行政区域的农产品质量安全风险监测实施方案,并报国务院农业农村主管部门备案。县级以上地方人民政府农业农村主管部门负责组织实施本行政区域的农产品质量安全风险监测。

县级以上人民政府市场监督管理部门和其他有关部门获知有关农产品质量安全风险信息后,应当立即核实并向同级农业农村主管部门通报。接到通报的农业农村主管部门应当及时上报。制定农产品质量安全风险监测计划、实施方案的部门应当及时研究分析,必要时进行调整。

第十四条 国家建立农产品质量安全风险评估制度。

国务院农业农村主管部门应当设立农产品质量安全风险评估专家委员会,对可能影响农产品质量安全的潜在危害进行风险分析和评估。国务院卫生健康、市场监督管理等部门发现需要对农产品进行质量安全风险评估的,应当向国务院农业农村主管部门提出风险评估建议。

农产品质量安全风险评估专家委员会由农业、食品、营养、生物、环境、医学、化工等方面的专家组成。

第十五条 国务院农业农村主管部门应当根据农产品质量安全风险监测、风险评估结果采取相应的管理措施,并将农产品质量安全风险监测、风险评估结果及时通报国务院市场监督管理、卫生健康等部门和有关省、自治区、直辖市人民政府农业农村主管部门。

县级以上人民政府农业农村主管部门开展农产品质量安全风险监测和风险评估工作时,可以根据需要进入农产品产地、储存场所及批发、零售市场。采集样品应当按照市场价格支付费用。

第十六条 国家建立健全农产品质量安全标准体系,确保严格实施。农产品质量安全标准是强制执行的标准,包括以下与农产品质量安全有关的要求:

（一）农业投入品质量要求、使用范围、用法、用量、安全间隔期和休药期规定；

（二）农产品产地环境、生产过程管控、储存、运输要求；

（三）农产品关键成分指标等要求；

（四）与屠宰畜禽有关的检验规程；

（五）其他与农产品质量安全有关的强制性要求。

《中华人民共和国食品安全法》对食用农产品的有关质量安全标准作出规定的，依照其规定执行。

第十七条 农产品质量安全标准的制定和发布，依照法律、行政法规的规定执行。

制定农产品质量安全标准应当充分考虑农产品质量安全风险评估结果，并听取农产品生产经营者、消费者、有关部门、行业协会等的意见，保障农产品消费安全。

第十八条 农产品质量安全标准应当根据科学技术发展水平以及农产品质量安全的需要，及时修订。

第十九条 农产品质量安全标准由农业农村主管部门商有关部门推进实施。

第三章　农产品产地

第二十条 国家建立健全农产品产地监测制度。

县级以上地方人民政府农业农村主管部门应当会同同级生态环境、自然资源等部门制定农产品产地监测计划，加强农产品产地安全调查、监测和评价工作。

第二十一条 县级以上地方人民政府农业农村主管部门应当会同同级生态环境、自然资源等部门按照保障农产品质量安全的要求，根据农产品品种特性和产地安全调查、监测、评价结果，依照土壤污染防治等法律、法规的规定提出划定特定农产品禁止生产区域的建议,报本级人民政府批准后实施。

任何单位和个人不得在特定农产品禁止生产区域种植、养殖、捕捞、采集特定农产品和建立特定农产品生产基地。

特定农产品禁止生产区域划定和管理的具体办法由国务院农业农村主管部门商国务院生态环境、自然资源等部门制定。

第二十二条 任何单位和个人不得违反有关环境保护法律、法规的规定向农产品产地排放或者倾倒废水、废气、固体废物或者其他有毒有害物质。

农业生产用水和用作肥料的固体废物,应当符合法律、法规和国家有关强制性标准的要求。

第二十三条 农产品生产者应当科学合理使用农药、兽药、肥料、农用薄膜等农业投入品,防止对农产品产地造成污染。

农药、肥料、农用薄膜等农业投入品的生产者、经营者、使用者应当按照国家有关规定回收并妥善处置包装物和废弃物。

第二十四条 县级以上人民政府应当采取措施,加强农产品基地建设,推进农业标准化示范建设,改善农产品的生产条件。

第四章 农产品生产

第二十五条 县级以上地方人民政府农业农村主管部门应当根据本地区的实际情况,制定保障农产品质量安全的生产技术要求和操作规程,并加强对农产品生产经营者的培训和指导。

农业技术推广机构应当加强对农产品生产经营者质量安全知识和技能的培训。国家鼓励科研教育机构开展农产品质量安全培训。

第二十六条 农产品生产企业、农民专业合作社、农业社会化服务组织应当加强农产品质量安全管理。

农产品生产企业应当建立农产品质量安全管理制度,配备相应的技术人员;不具备配备条件的,应当委托具有专业技术知识的人员进行农产品质量安全指导。

国家鼓励和支持农产品生产企业、农民专业合作社、农业社会化服务组织建立和实施危害分析和关键控制点体系,实施良好农业规范,提高农产品质量安全管理水平。

第二十七条 农产品生产企业、农民专业合作社、农业社会化服务组织应当建立农产品生产记录,如实记载下列事项:

(一)使用农业投入品的名称、来源、用法、用量和使用、停用的日期;

(二)动物疫病、农作物病虫害的发生和防治情况;

(三)收获、屠宰或者捕捞的日期。

农产品生产记录应当至少保存二年。禁止伪造、变造农产品生产记录。

国家鼓励其他农产品生产者建立农产品生产记录。

第二十八条 对可能影响农产品质量安全的农药、兽药、饲料和饲料添加剂、肥料、兽医器械,依照有关法律、行政法规的规定实行许可制度。

省级以上人民政府农业农村主管部门应当定期或者不定期组织对可能危及农产品质量安全的农药、兽药、饲料和饲料添加剂、肥料等农业投入品进行监督抽查,并公布抽查结果。

农药、兽药经营者应当依照有关法律、行政法规的规定建立销售台账,记录购买者、销售日期和药品施用范围等内容。

第二十九条 农产品生产经营者应当依照有关法律、行政法规和国家有关强制性标准、国务院农业农村主管部门的规定,科学合理使用农药、兽药、饲料和饲料添加剂、肥料等农业投入品,严格执行农业投入品使用安全间隔期或者休药期的规定;不得超范围、超剂量使用农业投入品危及农产品质量安全。

禁止在农产品生产经营过程中使用国家禁止使用的农业投入品以及其他有毒有害物质。

第三十条　农产品生产场所以及生产活动中使用的设施、设备、消毒剂、洗涤剂等应当符合国家有关质量安全规定,防止污染农产品。

第三十一条　县级以上人民政府农业农村主管部门应当加强对农业投入品使用的监督管理和指导,建立健全农业投入品的安全使用制度,推广农业投入品科学使用技术,普及安全、环保农业投入品的使用。

第三十二条　国家鼓励和支持农产品生产经营者选用优质特色农产品品种,采用绿色生产技术和全程质量控制技术,生产绿色优质农产品,实施分等分级,提高农产品品质,打造农产品品牌。

第三十三条　国家支持农产品产地冷链物流基础设施建设,健全有关农产品冷链物流标准、服务规范和监管保障机制,保障冷链物流农产品畅通高效、安全便捷,扩大高品质市场供给。

从事农产品冷链物流的生产经营者应当依照法律、法规和有关农产品质量安全标准,加强冷链技术创新与应用、质量安全控制,执行对冷链物流农产品及其包装、运输工具、作业环境等的检验检测检疫要求,保证冷链农产品质量安全。

第五章　农产品销售

第三十四条　销售的农产品应当符合农产品质量安全标准。

农产品生产企业、农民专业合作社应当根据质量安全控制要求自行或者委托检测机构对农产品质量安全进行检测;经检测不符合农产品质量安全标准的农产品,应当及时采取管控措施,且不得销售。

农业技术推广等机构应当为农户等农产品生产经营者提供农产品检测技术服务。

第三十五条　农产品在包装、保鲜、储存、运输中所使用的保鲜剂、防腐剂、添加剂、包装材料等,应当符合国家有关强制性标准以及其他农产品质量安全规定。

储存、运输农产品的容器、工具和设备应当安全、无害。禁止将农产品与有毒有害物质一同储存、运输,防止污染农产品。

第三十六条 有下列情形之一的农产品,不得销售:

(一)含有国家禁止使用的农药、兽药或者其他化合物的;

(二)农药、兽药等化学物质残留或者含有的重金属等有毒有害物质不符合农产品质量安全标准的;

(三)含有的致病性寄生虫、微生物或者生物毒素不符合农产品质量安全标准的;

(四)未按照国家有关强制性标准以及其他农产品质量安全规定使用保鲜剂、防腐剂、添加剂、包装材料等,或者使用的保鲜剂、防腐剂、添加剂、包装材料等不符合国家有关强制性标准以及其他质量安全规定的;

(五)病死、毒死或者死因不明的动物及其产品;

(六)其他不符合农产品质量安全标准的情形。

对前款规定不得销售的农产品,应当依照法律、法规的规定进行处置。

第三十七条 农产品批发市场应当按照规定设立或者委托检测机构,对进场销售的农产品质量安全状况进行抽查检测;发现不符合农产品质量安全标准的,应当要求销售者立即停止销售,并向所在地市场监督管理、农业农村等部门报告。

农产品销售企业对其销售的农产品,应当建立健全进货检查验收制度;经查验不符合农产品质量安全标准的,不得销售。

食品生产者采购农产品等食品原料,应当依照《中华人民共和国食品安全法》的规定查验许可证和合格证明,对无法提供合格证明的,应当按照规定进行检验。

第三十八条 农产品生产企业、农民专业合作社以及从事农产品收购的单位或者个人销售的农产品,按照规定应当包装或者附加承诺达标合格证等标识的,须经包装或者附加标识后方可销售。包装物或者标识上应当按照规定标明产品的品名、产地、生产者、生产日期、保质期、产品质量等级等内容;使用添加剂的,还应当按照规定标明添加剂的名称。具体办法由国务院农业农村主管部门制定。

第三十九条 农产品生产企业、农民专业合作社应当执行法律、法规的规定和国家有关强制性标准,保证其销售的农产品符合农产品质量安全标准,并根据质量安全控制、检测结果等开具承诺达标合格证,承诺不使用禁用的农药、兽药及其他化合物且使用的常规农药、兽药残留不超标等。鼓励和支持农户销售农产品时开具承诺达标合格证。法律、行政法规对畜禽产品的质量安全合格证明有特别规定的,应当遵守其规定。

从事农产品收购的单位或者个人应当按照规定收取、保存承诺达标合格证或者其他质量安全合格证明,对其收购的农产品进行混装或者分装后销售的,应当按照规定开具承诺达标合格证。

农产品批发市场应当建立健全农产品承诺达标合格证查验等制度。

县级以上人民政府农业农村主管部门应当做好承诺达标合格证有关工作的指导服务,加强日常监督检查。

农产品质量安全承诺达标合格证管理办法由国务院农业农村主管部门会同国务院有关部门制定。

第四十条 农产品生产经营者通过网络平台销售农产品的,应当依照本法和《中华人民共和国电子商务法》、《中华人民共和国食品安全法》等法律、法规的规定,严格落实质量安全责任,保证其销售的农产品符合质量安全标准。网络平台经营者应当依法加强对农产品生产经营者的管理。

第四十一条 国家对列入农产品质量安全追溯目录的农产品实施追溯管理。国务院农业农村主管部门应当会同国务院市场监督管理等部门建立农产品质量安全追溯协作机制。农产品质量安全追溯管理办法和追溯目录由国务院农业农村主管部门会同国务院市场监督管理等部门制定。

国家鼓励具备信息化条件的农产品生产经营者采用现代信息技术手段采集、留存生产记录、购销记录等生产经营信息。

第四十二条 农产品质量符合国家规定的有关优质农产品标准的,农产品生产经营者可以申请使用农产品质量标志。禁止冒用农产品质量标志。

国家加强地理标志农产品保护和管理。

第四十三条 属于农业转基因生物的农产品,应当按照农业转基因生物安全管理的有关规定进行标识。

第四十四条 依法需要实施检疫的动植物及其产品,应当附具检疫标志、检疫证明。

第六章 监督管理

第四十五条 县级以上人民政府农业农村主管部门和市场监督管理等部门应当建立健全农产品质量安全全程监督管理协作机制,确保农产品从生产到消费各环节的质量安全。

县级以上人民政府农业农村主管部门和市场监督管理部门应当加强收购、储存、运输过程中农产品质量安全监督管理的协调配合和执法衔接,及时通报和共享农产品质量安全监督管理信息,并按照职责权限,发布有关农产品质量安全日常监督管理信息。

第四十六条 县级以上人民政府农业农村主管部门应当根据农产品质量安全风险监测、风险评估结果和农产品质量安全状况等,制定监督抽查计划,确定农产品质量安全监督抽查的重点、方式和频次,并实施农产品质量安全风险分级管理。

第四十七条 县级以上人民政府农业农村主管部门应当建立健

全随机抽查机制,按照监督抽查计划,组织开展农产品质量安全监督抽查。

农产品质量安全监督抽查检测应当委托符合本法规定条件的农产品质量安全检测机构进行。监督抽查不得向被抽查人收取费用,抽取的样品应当按照市场价格支付费用,并不得超过国务院农业农村主管部门规定的数量。

上级农业农村主管部门监督抽查的同批次农产品,下级农业农村主管部门不得另行重复抽查。

第四十八条 农产品质量安全检测应当充分利用现有的符合条件的检测机构。

从事农产品质量安全检测的机构,应当具备相应的检测条件和能力,由省级以上人民政府农业农村主管部门或者其授权的部门考核合格。具体办法由国务院农业农村主管部门制定。

农产品质量安全检测机构应当依法经资质认定。

第四十九条 从事农产品质量安全检测工作的人员,应当具备相应的专业知识和实际操作技能,遵纪守法,恪守职业道德。

农产品质量安全检测机构对出具的检测报告负责。检测报告应当客观公正,检测数据应当真实可靠,禁止出具虚假检测报告。

第五十条 县级以上地方人民政府农业农村主管部门可以采用国务院农业农村主管部门会同国务院市场监督管理等部门认定的快速检测方法,开展农产品质量安全监督抽查检测。抽查检测结果确定有关农产品不符合农产品质量安全标准的,可以作为行政处罚的证据。

第五十一条 农产品生产经营者对监督抽查检测结果有异议的,可以自收到检测结果之日起五个工作日内,向实施农产品质量安全监督抽查的农业农村主管部门或者其上一级农业农村主管部门申请复检。复检机构与初检机构不得为同一机构。

采用快速检测方法进行农产品质量安全监督抽查检测,被抽查人对检测结果有异议的,可以自收到检测结果时起四小时内申请复检。复检不得采用快速检测方法。

复检机构应当自收到复检样品之日起七个工作日内出具检测报告。

因检测结果错误给当事人造成损害的,依法承担赔偿责任。

第五十二条 县级以上地方人民政府农业农村主管部门应当加强对农产品生产的监督管理,开展日常检查,重点检查农产品产地环境、农业投入品购买和使用、农产品生产记录、承诺达标合格证开具等情况。

国家鼓励和支持基层群众性自治组织建立农产品质量安全信息员工作制度,协助开展有关工作。

第五十三条 开展农产品质量安全监督检查,有权采取下列措施：

(一)进入生产经营场所进行现场检查,调查了解农产品质量安全的有关情况；

(二)查阅、复制农产品生产记录、购销台账等与农产品质量安全有关的资料；

(三)抽样检测生产经营的农产品和使用的农业投入品以及其他有关产品；

(四)查封、扣押有证据证明存在农产品质量安全隐患或者经检测不符合农产品质量安全标准的农产品；

(五)查封、扣押有证据证明可能危及农产品质量安全或者经检测不符合产品质量标准的农业投入品以及其他有毒有害物质；

(六)查封、扣押用于违法生产经营农产品的设施、设备、场所以及运输工具；

(七)收缴伪造的农产品质量标志。

农产品生产经营者应当协助、配合农产品质量安全监督检查,不得拒绝、阻挠。

第五十四条 县级以上人民政府农业农村等部门应当加强农产品质量安全信用体系建设，建立农产品生产经营者信用记录，记载行政处罚等信息，推进农产品质量安全信用信息的应用和管理。

第五十五条 农产品生产经营过程中存在质量安全隐患，未及时采取措施消除的，县级以上地方人民政府农业农村主管部门可以对农产品生产经营者的法定代表人或者主要负责人进行责任约谈。农产品生产经营者应当立即采取措施，进行整改，消除隐患。

第五十六条 国家鼓励消费者协会和其他单位或者个人对农产品质量安全进行社会监督，对农产品质量安全监督管理工作提出意见和建议。任何单位和个人有权对违反本法的行为进行检举控告、投诉举报。

县级以上人民政府农业农村主管部门应当建立农产品质量安全投诉举报制度，公开投诉举报渠道，收到投诉举报后，应当及时处理。对不属于本部门职责的，应当移交有权处理的部门并书面通知投诉举报人。

第五十七条 县级以上地方人民政府农业农村主管部门应当加强对农产品质量安全执法人员的专业技术培训并组织考核。不具备相应知识和能力的，不得从事农产品质量安全执法工作。

第五十八条 上级人民政府应当督促下级人民政府履行农产品质量安全职责。对农产品质量安全责任落实不力、问题突出的地方人民政府，上级人民政府可以对其主要负责人进行责任约谈。被约谈的地方人民政府应当立即采取整改措施。

第五十九条 国务院农业农村主管部门应当会同国务院有关部门制定国家农产品质量安全突发事件应急预案，并与国家食品安全事故应急预案相衔接。

县级以上地方人民政府应当根据有关法律、行政法规的规定和上级人民政府的农产品质量安全突发事件应急预案，制定本行政区域的农产品质量安全突发事件应急预案。

发生农产品质量安全事故时,有关单位和个人应当采取控制措施,及时向所在地乡镇人民政府和县级人民政府农业农村等部门报告;收到报告的机关应当按照农产品质量安全突发事件应急预案及时处理并报本级人民政府、上级人民政府有关部门。发生重大农产品质量安全事故时,按照规定上报国务院及其有关部门。

任何单位和个人不得隐瞒、谎报、缓报农产品质量安全事故,不得隐匿、伪造、毁灭有关证据。

第六十条 县级以上地方人民政府市场监督管理部门依照本法和《中华人民共和国食品安全法》等法律、法规的规定,对农产品进入批发、零售市场或者生产加工企业后的生产经营活动进行监督检查。

第六十一条 县级以上人民政府农业农村、市场监督管理等部门发现农产品质量安全违法行为涉嫌犯罪的,应当及时将案件移送公安机关。对移送的案件,公安机关应当及时审查;认为有犯罪事实需要追究刑事责任的,应当立案侦查。

公安机关对依法不需要追究刑事责任但应当给予行政处罚的,应当及时将案件移送农业农村、市场监督管理等部门,有关部门应当依法处理。

公安机关商请农业农村、市场监督管理、生态环境等部门提供检验结论、认定意见以及对涉案农产品进行无害化处理等协助的,有关部门应当及时提供、予以协助。

第七章 法 律 责 任

第六十二条 违反本法规定,地方各级人民政府有下列情形之一的,对直接负责的主管人员和其他直接责任人员给予警告、记过、记大过处分;造成严重后果的,给予降级或者撤职处分:

(一)未确定有关部门的农产品质量安全监督管理工作职责,未建立健全农产品质量安全工作机制,或者未落实农产品质量安全监

督管理责任;

(二)未制定本行政区域的农产品质量安全突发事件应急预案,或者发生农产品质量安全事故后未按照规定启动应急预案。

第六十三条 违反本法规定,县级以上人民政府农业农村等部门有下列行为之一的,对直接负责的主管人员和其他直接责任人员给予记大过处分;情节较重的,给予降级或者撤职处分;情节严重的,给予开除处分;造成严重后果的,其主要负责人还应当引咎辞职:

(一)隐瞒、谎报、缓报农产品质量安全事故或者隐匿、伪造、毁灭有关证据;

(二)未按照规定查处农产品质量安全事故,或者接到农产品质量安全事故报告未及时处理,造成事故扩大或者蔓延;

(三)发现农产品质量安全重大风险隐患后,未及时采取相应措施,造成农产品质量安全事故或者不良社会影响;

(四)不履行农产品质量安全监督管理职责,导致发生农产品质量安全事故。

第六十四条 县级以上地方人民政府农业农村、市场监督管理等部门在履行农产品质量安全监督管理职责过程中,违法实施检查、强制等执法措施,给农产品生产经营者造成损失的,应当依法予以赔偿,对直接负责的主管人员和其他直接责任人员依法给予处分。

第六十五条 农产品质量安全检测机构、检测人员出具虚假检测报告的,由县级以上人民政府农业农村主管部门没收所收取的检测费用,检测费用不足一万元的,并处五万元以上十万元以下罚款,检测费用一万元以上的,并处检测费用五倍以上十倍以下罚款;对直接负责的主管人员和其他直接责任人员处一万元以上五万元以下罚款;使消费者的合法权益受到损害的,农产品质量安全检测机构应当与农产品生产经营者承担连带责任。

因农产品质量安全违法行为受到刑事处罚或者因出具虚假检测报告导致发生重大农产品质量安全事故的检测人员,终身不得从事农产品质量安全检测工作。农产品质量安全检测机构不得聘用上述人员。

农产品质量安全检测机构有前两款违法行为的,由授予其资质的主管部门或者机构吊销该农产品质量安全检测机构的资质证书。

第六十六条 违反本法规定,在特定农产品禁止生产区域种植、养殖、捕捞、采集特定农产品或者建立特定农产品生产基地的,由县级以上地方人民政府农业农村主管部门责令停止违法行为,没收农产品和违法所得,并处违法所得一倍以上三倍以下罚款。

违反法律、法规规定,向农产品产地排放或者倾倒废水、废气、固体废物或者其他有毒有害物质的,依照有关环境保护法律、法规的规定处理、处罚;造成损害的,依法承担赔偿责任。

第六十七条 农药、肥料、农用薄膜等农业投入品的生产者、经营者、使用者未按照规定回收并妥善处置包装物或者废弃物的,由县级以上地方人民政府农业农村主管部门依照有关法律、法规的规定处理、处罚。

第六十八条 违反本法规定,农产品生产企业有下列情形之一的,由县级以上地方人民政府农业农村主管部门责令限期改正;逾期不改正的,处五千元以上五万元以下罚款:

(一)未建立农产品质量安全管理制度;

(二)未配备相应的农产品质量安全管理技术人员,且未委托具有专业技术知识的人员进行农产品质量安全指导。

第六十九条 农产品生产企业、农民专业合作社、农业社会化服务组织未依照本法规定建立、保存农产品生产记录,或者伪造、变造农产品生产记录的,由县级以上地方人民政府农业农村主管部门责令限期改正;逾期不改正的,处二千元以上二万元以下罚款。

第七十条 违反本法规定,农产品生产经营者有下列行为之一,尚不构成犯罪的,由县级以上地方人民政府农业农村主管部门责令停止生产经营、追回已经销售的农产品,对违法生产经营的农产品进行无害化处理或者予以监督销毁,没收违法所得,并可以没收用于违法生产经营的工具、设备、原料等物品;违法生产经营的农产品货值金额不足一万元的,并处十万元以上十五万元以下罚款,货值金额一万元以上的,并处货值金额十五倍以上三十倍以下罚款;对农户,并处一千元以上一万元以下罚款;情节严重的,有许可证的吊销许可证,并可以由公安机关对其直接负责的主管人员和其他直接责任人员处五日以上十五日以下拘留:

(一)在农产品生产经营过程中使用国家禁止使用的农业投入品或者其他有毒有害物质;

(二)销售含有国家禁止使用的农药、兽药或者其他化合物的农产品;

(三)销售病死、毒死或者死因不明的动物及其产品。

明知农产品生产经营者从事前款规定的违法行为,仍为其提供生产经营场所或者其他条件的,由县级以上地方人民政府农业农村主管部门责令停止违法行为,没收违法所得,并处十万元以上二十万元以下罚款;使消费者的合法权益受到损害的,应当与农产品生产经营者承担连带责任。

第七十一条 违反本法规定,农产品生产经营者有下列行为之一,尚不构成犯罪的,由县级以上地方人民政府农业农村主管部门责令停止生产经营、追回已经销售的农产品,对违法生产经营的农产品进行无害化处理或者予以监督销毁,没收违法所得,并可以没收用于违法生产经营的工具、设备、原料等物品;违法生产经营的农产品货值金额不足一万元的,并处五万元以上十万元以下罚款,货值金额一万元以上的,并处货值金额十倍以上二十倍以下罚款;对农户,并处五百元以上五千元以下罚款:

(一)销售农药、兽药等化学物质残留或者含有的重金属等有毒有害物质不符合农产品质量安全标准的农产品;

(二)销售含有的致病性寄生虫、微生物或者生物毒素不符合农

产品质量安全标准的农产品;

(三)销售其他不符合农产品质量安全标准的农产品。

第七十二条 违反本法规定,农产品生产经营者有下列行为之一的,由县级以上地方人民政府农业农村主管部门责令停止生产经营、追回已经销售的农产品,对违法生产经营的农产品进行无害化处理或者予以监督销毁,没收违法所得,并可以没收用于违法生产经营的工具、设备、原料等物品;违法生产经营的农产品货值金额不足一万元的,并处五千元以上五万元以下罚款,货值金额一万元以上的,并处货值金额五倍以上十倍以下罚款;对农户,并处三百元以上三千元以下罚款:

(一)在农产品生产场所以及生产活动中使用的设施、设备、消毒剂、洗涤剂等不符合国家有关质量安全规定;

(二)未按照国家有关强制性标准或者其他农产品质量安全规定使用保鲜剂、防腐剂、添加剂、包装材料等,或者使用的保鲜剂、防腐剂、添加剂、包装材料等不符合国家有关强制性标准或者其他质量安全规定;

(三)将农产品与有毒有害物质一同储存、运输。

第七十三条 违反本法规定,有下列行为之一的,由县级以上地方人民政府农业农村主管部门按照职责给予批评教育,责令限期改正;逾期不改正的,处一百元以上一千元以下罚款:

(一)农产品生产企业、农民专业合作社、从事农产品收购的单位或者个人未按照规定开具承诺达标合格证;

(二)从事农产品收购的单位或者个人未按照规定收取、保存承诺达标合格证或者其他合格证明。

第七十四条 农产品生产经营者冒用农产品质量标志,或者销售冒用农产品质量标志的农产品的,由县级以上地方人民政府农业农村主管部门按照职责责令改正,没收违法所得;违法生产经营的农产品货值金额不足五千元的,并处五千元以上五万元以下罚款,货值金额五千元以上的,并处货值金额十倍以上二十倍以下罚款。

第七十五条 违反本法关于农产品质量安全追溯规定的,由县级以上地方人民政府农业农村主管部门按照职责责令限期改正;逾期不改正的,可以处一万元以下罚款。

第七十六条 违反本法规定,拒绝、阻挠依法开展的农产品质量安全监督检查、事故调查处理、抽样检测和风险评估的,由有关主管部门按照职责责令停产停业,并处二千元以上五万元以下罚款;构成违反治安管理行为的,由公安机关依法给予治安管理处罚。

第七十七条 《中华人民共和国食品安全法》对食用农产品进入批发、零售市场或者生产加工企业后的违法行为和法律责任有规定的,由县级以上地方人民政府市场监督管理部门依照其规定进行处罚。

第七十八条 违反本法规定,构成犯罪的,依法追究刑事责任。

第七十九条 违反本法规定,给消费者造成人身、财产或者其他损害的,依法承担民事赔偿责任。生产经营者财产不足以同时承担民事赔偿责任和缴纳罚款、罚金时,先承担民事赔偿责任。

食用农产品生产经营者违反本法规定,污染环境、侵害众多消费者合法权益,损害社会公共利益的,人民检察院可以依照《中华人民共和国民事诉讼法》、《中华人民共和国行政诉讼法》等法律的规定向人民法院提起诉讼。

第八章 附 则

第八十条 粮食收购、储存、运输环节的质量安全管理,依照有关粮食管理的法律、行政法规执行。

第八十一条 本法自2023年1月1日起施行。

最高人民法院、最高人民检察院关于办理生产、销售伪劣商品刑事案件具体应用法律若干问题的解释

(2001年4月5日最高人民法院审判委员会第1168次会议、2001年3月30日最高人民检察院第九届检察委员会第84次会议通过 2001年4月9日公布 法释〔2001〕10号 自2001年4月10日起施行)

为依法惩治生产、销售伪劣商品犯罪活动,根据刑法有关规定,现就办理这类案件具体应用法律的若干问题解释如下:

第一条 刑法第一百四十条规定的"在产品中掺杂、掺假",是指在产品中掺入杂质或者异物,致使产品质量不符合国家法律、法规或者产品明示质量标准规定的质量要求,降低、失去应有使用性能的行为。

刑法第一百四十条规定的"以假充真",是指以不具有某种使用性能的产品冒充具有该种使用性能的产品的行为。

刑法第一百四十条规定的"以次充好",是指以低等级、低档次产品冒充高等级、高档次产品,或者以残次、废旧零配件组合、拼装后冒充正品或者新产品的行为。

刑法第一百四十条规定的"不合格产品",是指不符合《中华人民

共和国产品质量法》第二十六条第二款规定的质量要求的产品。

对本条规定的上述行为难以确定的,应当委托法律、行政法规规定的产品质量检验机构进行鉴定。

第二条 刑法第一百四十条、第一百四十九条规定的"销售金额",是指生产者、销售者出售伪劣产品后所得和应得的全部违法收入。

伪劣产品尚未销售,货值金额达到刑法第一百四十条规定的销售金额三倍以上的,以生产、销售伪劣产品罪(未遂)定罪处罚。

货值金额以违法生产、销售的伪劣产品的标价计算;没有标价的,按照同类合格产品的市场中间价格计算。货值金额难以确定的,按照国家计划委员会、最高人民法院、最高人民检察院、公安部1997年4月22日联合发布的《扣押、追缴、没收物品估价管理办法》的规定,委托指定的估价机构确定。

多次实施生产、销售伪劣产品行为,未经处理的,伪劣产品的销售金额或者货值金额累计计算。

第三条 经省级以上药品监督管理部门设置或者确定的药品检验机构鉴定,生产、销售的假药具有下列情形之一的,应认定为刑法第一百四十一条规定的"足以严重危害人体健康":

(一)含有超标准的有毒有害物质的;

(二)不含所标明的有效成份,可能贻误诊治的;

(三)所标明的适应症或者功能主治超出规定范围,可能造成贻误诊治的;

(四)缺乏所标明的急救必需的有效成份的。

生产、销售的假药被使用后,造成轻伤、重伤或者其他严重后果的,应认定为"对人体健康造成严重危害"。

生产、销售的假药被使用后,致人严重残疾,三人以上重伤、十人以上轻伤或者造成其他特别严重后果的,应认定为"对人体健康造成特别严重危害"。

第四条 经省级以上卫生行政部门确定的机构鉴定,食品中含有可能导致严重食物中毒事故或者其他严重食源性疾患的超标准的有害细菌或者其他污染物的,应认定为刑法第一百四十三条规定的"足以造成严重食物中毒事故或者其他严重食源性疾患"。

生产、销售不符合卫生标准的食品被食用后,造成轻伤、重伤或者其他严重后果的,应认定为"对人体健康造成严重危害"。

生产、销售不符合卫生标准的食品被食用后,致人死亡、严重残疾、三人以上重伤、十人以上轻伤或者造成其他特别严重后果的,应认定为"后果特别严重"。

第五条 生产、销售的有毒、有害食品被食用后,造成轻伤、重伤或者其他严重后果的,应认定为刑法第一百四十四条规定的"对人体健康造成严重危害"。

生产、销售的有毒、有害食品被食用后,致人严重残疾、三人以上重伤、十人以上轻伤或者造成其他特别严重后果的,应认定为"对人体健康造成特别严重危害"。

第六条 生产、销售不符合标准的医疗器械、医用卫生材料,致人轻伤或者其他严重后果的,应认定为刑法第一百四十五条规定的"对人体健康造成严重危害"。

生产、销售不符合标准的医疗器械、医用卫生材料,造成感染病毒性肝炎等难以治愈的疾病、一人以上重伤、三人以上轻伤或者其他严重后果的,应认定为"后果特别严重"。

生产、销售不符合标准的医疗器械、医用卫生材料,致人死亡、严重残疾、感染艾滋病、三人以上重伤、十人以上轻伤或者造成其他特别严重后果的,应认定为"情节特别恶劣"。

医疗机构或者个人,知道或者应当知道是不符合保障人体健康的国家标准、行业标准的医疗器械、医用卫生材料而购买、使用,对人体健康造成严重危害的,以销售不符合标准的医用器材罪定罪处罚。

没有国家标准、行业标准的医疗器械,注册产品标准可视为"保障人体健康的行业标准"。

第七条 刑法第一百四十七条规定的生产、销售伪劣农药、兽药、化肥、种子罪中"使生产遭受较大损失",一般以二万元为起点;"重大损失",一般以十万元为起点;"特别重大损失",一般以五十万元为起点。

第八条 国家机关工作人员徇私舞弊,对生产、销售伪劣商品犯罪不履行法律规定的查处职责,具有下列情形之一的,属于刑法第四百一十四条规定的"情节严重":

(一)放纵生产、销售假药或者有毒、有害食品犯罪行为的;

(二)放纵依法可能判处二年有期徒刑以上刑罚的生产、销售伪劣商品犯罪行为的;

(三)对三个以上有生产、销售伪劣商品犯罪行为的单位或者个人不履行追究职责的;

(四)致使国家和人民利益遭受重大损失或者造成恶劣影响的。

第九条 知道或者应当知道他人实施生产、销售伪劣商品犯罪,而为其提供贷款、资金、帐号、发票、证明、许可证件,或者提供生产、经营场所或者运输、仓储、保管、邮寄等便利条件,或者提供制假生产技术的,以生产、销售伪劣商品犯罪的共犯论处。

第十条 实施生产、销售伪劣商品犯罪,同时构成侵犯知识产权、非法经营等其他犯罪的,依照处罚较重的规定定罪处罚。

第十一条 实施刑法第一百四十条至第一百四十八条规定的犯罪,又以暴力、威胁方法抗拒查处,构成其他犯罪的,依照数罪并罚的规定处罚。

第十二条 国家机关工作人员参与生产、销售伪劣商品犯罪的,从重处罚。

国家质量监督检验检疫总局关于实施《中华人民共和国产品质量法》若干问题的意见

(2011年2月22日 国质检法〔2011〕83号)

各省、自治区、直辖市质量技术监督局：

2001年3月15日，原国家质量技术监督局印发了《关于实施〈中华人民共和国产品质量法〉若干问题的意见》，在正确贯彻实施产品质量法，做好质量监督和行政执法工作等方面，发挥了积极作用。为了保证意见符合新公布的有关法律法规的规定，适应实际工作的需要，总局对《关于实施〈中华人民共和国产品质量法〉若干问题的意见》进行了修订，现重新印发你们。

一、关于产品质量监督检查

（一）按照《中华人民共和国产品质量法》的规定，产品质量监督抽查所需样品应当在市场上或者企业成品仓库内的待销产品中随机抽取；抽样数量应当按照检验的合理需要确定。因此，质量技术监督部门实施监督抽查，样品由被检查者无偿提供。检验合格的样品除因检验造成破坏或损耗之外，在检验工作结束且无异议后一个季度内必须返还。同时通知被检查单位解封作备样的封存样品。《中华人民共和国食品安全法》对食品的抽样检验另有规定的除外。

（二）按照《中华人民共和国产品质量法》第十五条第三款规

定,生产者、销售者对抽查检验的结果有异议的,可以向实施监督抽查的质量技术监督部门或者其上一级质量技术监督部门提出复检申请。复检合格的,不再收取检验费;复检不合格的,应当缴纳检验费。

(三)《中华人民共和国产品质量法》第十七条第二款规定:"监督抽查的产品有严重质量问题的,依据本法第五章的有关规定处罚。"各级质量技术监督部门在实施产品质量监督检查后处理工作时,要正确把握一般质量问题和严重质量问题的界限。有严重质量问题是指:1.产品质量不符合保障人体健康和人身、财产安全的国家标准、行业标准的;2.在产品中掺杂、掺假,以假充真,以次充好,以不合格产品冒充合格产品的;3.属于国家明令淘汰产品的;4.失效、变质的;5.伪造产品产地的,伪造或者冒用他人厂名、厂址的,伪造或者冒用生产日期、安全使用期或者失效日期的,伪造或者冒用认证标志等质量标志的;6.其它法律法规规定的属于严重质量问题的情形。除上述问题之外的,属于一般质量问题。对有严重质量问题的,应当按照《中华人民共和国产品质量法》第四十九条至第五十三条的规定实施行政处罚。

二、关于行政强制措施的实施

(一)按照《中华人民共和国产品质量法》第十八条规定,质量技术监督部门在实施行政强制措施时,应当具备以下条件:1.有违法嫌疑的证据或者举报;2.实施行政强制措施的程序必须合法。

(二)按照法律规定,查封、扣押的产品范围是法律第四十九条至第五十三条禁止生产、销售的产品。产品存在的瑕疵问题、标识不规范的问题,不能实施查封、扣押。

(三)查封、扣押的期限为三个月;对于产品的安全使用期或者失效日期不足三个月的,查封、扣押后的处理不得超过产品的安全使用期或者失效日期。因案情复杂等情况,质量技术监督部门需要延长查封、扣押期限的,应当报上一级质量技术监督部门批准。

三、关于建设工程中使用的产品的监督问题

《中华人民共和国产品质量法》第二条规定,建设工程使用的建筑材料、建筑构配件和设备,适用本法规定。因此,质量技术监督部门应当依据《中华人民共和国产品质量法》对上述产品进行监督。

质量技术监督部门可以进入建筑工地进行监督检查和执法检查,发现建设施工单位使用的建筑材料、建筑构配件和设备有质量问题,可以对建设单位和建设施工单位进行调查,以此为线索依法追究生产者的产品质量责任。并将建设施工单位使用有质量问题的建筑材料、建筑构配件和设备的情况通报建设行政主管部门。

四、关于对产品标识的监督问题

(一)按照《中华人民共和国产品质量法》第二十七条规定,产品标识必须真实,并符合下列要求:具有产品质量检验合格证明,具有中文标注的产品名称,对产品质量负有责任的生产者的厂名、厂址,以及其他有关标识内容。不符合上述规定的,应当依法责令产品的生产者改正。

(二)按照《中华人民共和国产品质量法》第二十七条规定,产品(包括进口产品)标识应当使用中文,对产品名称、厂名、厂址、规格、等级、含量、警示说明等标识应当使用中文而未用中文标注的产品,应当依法责令产品的生产者、销售者改正。

(三)为贯彻落实《中华人民共和国产品质量法》有关标识的规定,原国家质量技术监督局发布实施了《产品标识标注规定》,总局发布实施了《食品标识管理规定》和《化妆品标识管理规定》,目的在于引导企业正确标注标识。有关标识的具体标注方法,应当按照上述规定执行。质量技术监督部门应当严格按照上述规定开展产品标识行政执法工作。

(四)《中华人民共和国食品安全法》对食品标识另有规定的从其规定。

五、关于销售者销售法律禁止销售的产品的法律适用问题

按照《中华人民共和国产品质量法》第五十五条规定,销售者销售法律第四十九条至第五十三条禁止销售的产品,有充分证据证明其不知道该产品为禁止销售的产品并如实说明其进货来源的,质量技术监督部门按照职责范围依法从轻或者减轻处罚。销售者销售上述产品不能提供充分证据证明其不知道该产品为法律禁止销售的产品,不能说明或者不如实说明其进货来源的,应当按照职责范围严格依法予以处罚。

对销售者销售上述产品的处罚方式和幅度,应当根据以上情况对应法律第四十九条至第五十三条的规定具体适用。

六、关于《中华人民共和国产品质量法》与其他法律法规的关系

(一)《中华人民共和国产品质量法》是规范产品质量监督和行政执法活动的一般法。按照特殊法优于一般法的原则,《药品管理法》、《种子法》等特殊法对产品质量监督和行政执法有规定的,从其规定;特殊法没有规定的,依据《中华人民共和国产品质量法》的规定执行。

(二)《工业产品质量责任条例》、《产品质量监督试行办法》目前仍是有效的行政法规,在适用时应当遵循法的效力等级原则。对同一问题上述行政法规与法律均有规定但相抵触的,应当以《中华人民共和国产品质量法》的规定为准;《中华人民共和国产品质量法》没有规定,而上述行政法规有规定的,可以依照行政法规的规定执行。

(三)《中华人民共和国产品质量法》第四十九条有关生产、销售不符合保障人体健康和人身、财产安全的标准的处罚,与《中华人民共和国标准化法》及其实施条例规定的生产、销售不符合强制性标准的处罚不一致。根据后法优先原则,对不符合强制性标准的产品实施处罚,应当适用《中华人民共和国产品质量法》第四十九条的规定。

(四)《中华人民共和国产品质量法》与《中华人民共和国食品安全法》对同一事项均有规定且互有抵触的,按照后法优于前法的原

则,应当遵守《中华人民共和国食品安全法》。

七、关于对食品、烟草、化妆品、农药、兽药等产品的监督检查问题

(一)关于对食品的监督检查问题:

食品属于《中华人民共和国产品质量法》的调整范围。各级质量技术监督部门应当加强对食品生产活动的监督管理,对食品生产者的违法行为应当依据《中华人民共和国食品安全法》、《中华人民共和国产品质量法》等法律法规予以查处。

(二)关于对烟草的监督检查问题:

烟草属于《中华人民共和国产品质量法》的调整范围。因此,质量技术监督部门有权依据《中华人民共和国产品质量法》的有关规定对烟草质量违法行为进行查处。

(三)关于对化妆品的监督检查问题:

化妆品属于《中华人民共和国产品质量法》的调整范围。对生产、销售不符合化妆品产品标准,失效、变质、掺杂、掺假,以假充真,以次充好,以不合格化妆品冒充合格化妆品,无生产许可证进行生产、销售等违法行为,以及化妆品标识不符合法定要求的,质量技术监督部门应当依据《中华人民共和国产品质量法》、《工业产品质量责任条例》、《工业产品生产许可证管理条例》、《化妆品标识管理规定》等法律、法规、规章的规定对化妆品的质量进行监督管理。对化妆品卫生监督管理方面的问题,应当适用《化妆品卫生监督条例》。

(四)关于对农药的监督检查问题:

农药是工业产品,属于《中华人民共和国产品质量法》的调整范围,质量技术监督部门可以依据《中华人民共和国产品质量法》和《农药管理条例》的规定,对生产假劣农药的违法行为实施处罚。

(五)关于对兽药的监督检查问题:

兽药是工业产品,对兽药如何进行管理,国务院制定的《兽药管理条例》作了明确规定。因此,涉及兽药生产、经营活动中的管理问题以及对违反条例的行为实施行政处罚,应当遵守《兽药管理条例》的规定。国务院法制办1999年以国法秘函〔1999〕41号文明确了《兽药管理条例》的执法主体问题。即《兽药管理条例》的执法主体是农牧部门和工商行政管理部门。质量技术监督部门发现违反《兽药管理条例》的案件,应当移送农牧部门、工商部门、公安等有关部门依法查处。

(六)其他产品的监督检查问题:

对医疗器械、饲料和饲料添加剂等产品的监督检查,国务院制定了专门行政法规的,对这些产品的监督检查应当适用行政法规的规定;没有规定的,应当适用其他法律法规。

八、关于生产、销售假冒伪劣产品行为的认定问题

根据《中华人民共和国产品质量法》的规定,以下行为应当认定为生产、销售假冒伪劣产品的行为:

(一)生产国家明令淘汰产品,销售国家明令淘汰并停止销售的产品和销售失效、变质产品的行为。国家明令淘汰的产品,指国务院有关行政部门依据其行政职能,按照一定的程序,采用行政的措施,通过发布行政文件的形式,向社会公布自某日起禁止生产、销售的产品。失效、变质产品,指产品失去了原有的效力、作用,产品发生了本质性变化,失去了应有使用价值的产品。

(二)伪造产品产地的行为。指在甲地生产产品,而在产品标识上标注乙地的地名的质量欺诈行为。

(三)伪造或者冒用他人厂名、厂址的行为。指非法标注他人厂名、厂址标识,或者在产品上编造、捏造不真实的生产厂厂名和厂址以及在产品上擅自使用他人的生产厂厂名和厂址的行为。

(四)伪造或者冒用认证标志等质量标志的行为。指在产品、标签、包装上,用文字、符号、图案等方式非法制作、编造、捏造或非法标注质量标志以及擅自使用未获批准的质量标志的行为。质量标志包括我国政府有关部门批准或认可的产品质量认证标志、企业质量体系认证标志、国外的认证标志、地理标志等。

（五）在产品中掺杂、掺假的行为。指生产者、销售者在产品中掺入杂质或者造假，进行质量欺诈的违法行为。其结果是，致使产品中有关物质的成分或者含量不符合国家有关法律、法规、标准或者合同要求。

（六）以假充真的行为。指以此产品冒充与其特征、特性等不同的他产品，或者冒充同一类产品中具有特定质量特征、特性的产品的欺诈行为。

（七）以次充好的行为。指以低档次、低等级产品冒充高档次、高等级产品或者以旧产品冒充新产品的违法行为。

（八）以不合格产品冒充合格产品的行为。不合格产品是指产品质量不符《中华人民共和国产品质量法》第二十六条规定的产品。以不合格产品冒充合格产品是指以质量不合格的产品作为或者充当合格产品。

九、关于在经营性服务活动中使用假冒伪劣产品的监督检查问题

在经营性服务活动中使用假冒伪劣产品主要是指在美容美发、餐饮、维修、娱乐等经营服务活动中，经营者使用假冒伪劣产品为消费者提供服务的行为。质量技术监督部门发现在上述活动中经营者使用《中华人民共和国产品质量法》第四十九条至第五十二条规定禁止销售的产品，包括不符合保障人体健康、人身财产安全标准的产品；掺杂、掺假，以假充真，以次充好，以不合格产品冒充合格的产品；国家明令淘汰并停止销售的产品以及失效、变质的产品，按照职责范围依照法律有关销售者的处罚规定对经营者给予处罚。发现经营者使用的产品存在标识标注的不规范、不准确，不符合《中华人民共和国产品质量法》第二十七条规定要求的，按照职责范围依照该法第五十四条的规定实施处罚。

十、关于办案证据的确认问题

（一）质量技术监督部门在行政执法过程中,需对涉嫌假冒的产品进行鉴定,鉴定结论可以作为办理技术监督行政案件的重要证据之一。质量技术监督行政执法部门经过查证,可以将被假冒生产企业出具的鉴定结论和提供的其他证明材料,作为认定该产品真伪的依据。

（二）质量技术监督部门若通过检验对产品的内在质量进行判断,应当以法定检验机构出具的检验报告为准。

十一、关于"货值金额"和"违法所得"、"违法收入"的计算问题

按照《中华人民共和国产品质量法》的规定,货值金额是指当事人违法生产、销售产品的数量（包括已售出的和未售出的产品）与其单件产品标价的乘积。对生产的单件产品标价应当以销售明示的单价计算;对销售的单件产品标价应当以销售者货签上标明的单价计算。生产者、销售者没有标价的,按照该产品被查处时该地区市场零售价的平均单价计算。本法所称违法所得是指获取的利润。

《中华人民共和国产品质量法》第六十一条、第六十七条规定的违法收入,指违反法律规定从事运输、仓储、保管,提供制假技术,向社会推荐产品以及进行产品的监制、监销等违法活动所获取的全部收入。

十二、关于建立产品质量举报制度的问题

按照《中华人民共和国产品质量法》第十条规定,各省、自治区、直辖市质量技术监督部门应当及时配合当地政府制定有关举报奖励制度,建立健全举报处理程序。各级质量技术监督部门应当向社会公布举报电话,登记并及时处理举报,不得无故拖延或者推诿。

产品质量监督抽查实施规范管理规定

(2014年12月11日国家质检总局产品质量监督司发布 质检监函〔2014〕71号)

第一章 总 则

第一条 为规范产品质量监督抽查实施规范(以下简称实施规范)的制修订工作,根据《产品质量监督抽查管理办法》、《国家质量监督检验检疫总局规范性文件管理办法》等规定,制定本规定。

第二条 本规定所称实施规范,是指由国家质量监督检验检疫总局依据法律法规、有关标准、国家相关规定等制定并公告发布的实施监督抽查的工作规范,属于产品质量监督抽查抽样、检验和判定的技术性规范。

第三条 实施规范按专业分为日用及纺织品、电子电器、轻工产品、建筑和装饰装修材料、农业生产资料、机械及安防、电工及材料等7类。

第四条 国家质量监督检验检疫总局产品质量监督司(以下简称监督司)负责管理实施规范的制修订工作,统一规划和组建产品质量国家监督抽查技术评审组(以下简称评审组),确定实施规范的主编单位和参编单位。

评审组负责组织主编单位完成实施规范的制修订工作。实施规范的主编单位负责组织参编单位起草实施规范、提交评审、适时修订等相关工作。参编单位配合主编单位完成实施规范的相关工作。

第五条 实施规范的制修订应遵循科学合理、可操作和突出重点的原则。

第二章 实施规范的制定

第六条 政府部门、行业协会、检验机构、生产企业等根据需要,可向监督司或评审组提出制定实施规范的建议。

第七条 评审组负责收集实施规范编制建议,提出实施规范编制计划建议,填写《产品质量监督抽查实施规范编制(修订)计划建议表》(附件1),提交监督司。

第八条 监督司负责审核、批准和下达编制计划,编制计划包括实施规范名称、产品分类及代码、主编单位和参编单位。

第九条 主编单位收到实施规范编制任务后,填写《产品质量监督抽查实施规范编制情况反馈表》(附件2),在5个工作日内反馈评审组。结合工作实际,需要变更主编单位或参编单位的,由评审组报监督司批准后实施。

第十条 主编单位组织参编单位按照《产品质量监督抽查实施规范编写指南》(附件3)共同起草实施规范,并编写实施规范编制说明,内容包括:

(一)工作简要过程,任务来源、主要参加单位和工作组成员等;

(二)实施规范编写原则和主要内容,修订时应列出与原实施规范的主要差异和理由;

(三)与现行法律、法规、政策及相关标准的协调性;

(四)重要内容的解释和其它应予说明的事项。

编制单位应将实施规范征求意见稿向生产企业、行业协会、标委会、检验机构及有关监管部门等征求意见,收集《产品质量监督抽查实施规范征求意见表》(附件4)。主编单位根据意见修改完善实施规范,填写《产品质量监督抽查实施规范征求意见汇总处理表》(附件5)。

第十一条 评审组按专业组分别负责组织初审。初审时,由主编单位向各归口的专业组提交以下材料:

(一)实施规范(报批稿);

(二)实施规范编制说明;

(三)产品质量监督抽查实施规范征求意见汇总处理表;

(四)实施规范引用的主要产品标准等文件和参考资料。

第十二条 初审采用会审形式,必要时,可邀请相关领域的专家或代表参加。实施规范编制人员不得作为专家组成员参加该实施规范的评审。

审查内容主要包括:

(一)实施规范内容的完整性;

(二)实施规范与国家法律法规和强制性标准规定的符合性;

(三)抽样和检验环节的可操作性;

(四)检验项目的重要性;

(五)判定原则和异议处理的科学性、合理性;

(六)征求意见的代表性和广泛性。

评审后形成评审意见,填写《产品质量监督抽查实施规范评审意见表》(见附件6)。

第十三条 主编单位按评审意见修改后再次提交各专业组。必要时,各专业组可进行二次会审或函审。评审通过的实施规范由各专业组提交评审组的综合保障组。

第十四条 综合保障组负责组织各专业组的 2~3 名专家(包括各专业组的组长)组成复审组,按照统一原则进行复审,必要时,可邀请相关领域的专家或代表参加。复审后形成评审意见,由各专业组将评审意见反馈主编单位进行修改。

各专业组修改完善后,将实施规范的相关材料提交综合保障组,由综合保障组统一规范排版格式后,将实施规范(包括编制说明和征求意见汇总处理表)上报监督司。

实施规范制定过程中需要保存的文件(纸质版和电子版)由综合保障组统一整理存档。

第十五条 监督司负责将实施规范、起草说明以及其他相关材料送质检总局法规司进行合法性审查。审查通过后,报局长专题会审议,审议通过后,以质检总局公告的形式在总局网站上向社会公布。

第三章 实施规范的修订

第十六条 实施规范发布实施后,各专业组需要定期组织主编单位进行复审,原则上复审周期一般不超过三年。

经复审需确认或废止的实施规范,由各专业组审核后报送监督司,监督司按照规范性文件的管理规定,适时进行清理评估,并以公告形式予以公布。需修订的实施规范列入修订计划,统一组织修订。修订参照编制过程,按照本规定第九条到第十四条规定执行。

第十七条 评审组和主编单位应关注实施规范的实施情况、相关产品标准情况等。有下列情形之一的,主编单位应及时主动组织修订,并提出修订建议:

(一)国家有关法律、法规、规章以及产业政策作出调整或者重新规定的;

(二)新发布了相关国家标准、行业标准等;

(三)规范性引用文件中相应的国家标准、行业标准等作了修订的;

(四)实施规范实施过程中存在重大问题的;

(五)其他应当立即进行修订的。

第十八条 实施规范的技术内容只作少量修改时,以《产品质量监督抽查实施规范修改通知单》(简称《修改通知单》,附件7)的形式进行修订。

主编单位向专业组提交《产品质量监督抽查实施规范修改申请》(以下简称《修改申请》)和《修改通知单》,《修改申请》应写明实施规范修改的依据和原因等,必要时还须附交有关验证材料。专业组对主编单位提交的文件进行函审或会审,并填写《产品质量监督抽查实施规范评审意见表》。评审通过后由各专业组提交监督司,并抄送综合保障组。

监督司会签法规司后,负责将《修改通知单》以质检总局公告的形式在质检总局网站上向社会公布。

第四章 实施规范的实施

第十九条 对已制定实施规范的产品,组织实施产品质量国家监督抽查,应采用实施规范;组织实施针对特殊情况的国家监督专项抽查、地方监督抽查等,可以根据监管工作需要,参照实施规范执行。

第二十条 对尚未制定实施规范的产品,需要组织实施监督抽查时,组织监督抽查的部门应当参照《产品质量监督抽查实施规范编写指南》制定实施细则,确有必要时应向监督司或评审组提出制定实施规范的建议。

第二十一条 监督司适时组织对实施规范的执行情况和适用情况进行检查和评估。

第五章 附 则

第二十二条 本规定由监督司负责解释。

第二十三条 本规定自发布之日起实施。

附件:(略)

产品质量监督抽查管理暂行办法

(2019年11月21日国家市场监督管理总局令第18号公布 自2020年1月1日起施行)

第一章 总 则

第一条 为了加强产品质量监督管理,规范产品质量监督抽查工作,保护消费者的合法权益,根据《中华人民共和国产品质量法》和《中华人民共和国消费者权益保护法》等法律、行政法规,制定本办法。

第二条 市场监督管理部门对本行政区域内生产、销售的产品实施监督抽查,适用本办法。

法律、行政法规、部门规章对产品质量监督抽查另有规定的,依照其规定。

第三条 本办法所称监督抽查,是指市场监督管理部门为监督产品质量,依法组织对在中华人民共和国境内生产、销售的产品进行抽样、检验,并进行处理的活动。

第四条 监督抽查分为由国家市场监督管理总局组织的国家监督抽查和县级以上地方市场监督管理部门组织的地方监督抽查。

第五条 国家市场监督管理总局负责统筹管理、指导协调全国监督抽查工作,组织实施国家监督抽查,汇总、分析全国监督抽查信息。

省级市场监督管理部门负责统一管理本行政区域内地方监督抽查工作,组织实施本级监督抽查,汇总、分析本行政区域监督抽查信息。

市级、县级市场监督管理部门负责组织实施本级监督抽查,汇总、分析本行政区域监督抽查信息,配合上级市场监督管理部门在本行政区域内开展抽样工作,承担监督抽查结果处理工作。

第六条 监督抽查所需样品的抽取、购买、运输、检验、处置以及复查等工作费用,按照国家有关规定列入同级政府财政预算。

第七条 生产者、销售者应当配合监督抽查,如实提供监督抽查所需材料和信息,不得以任何方式阻碍、拒绝监督抽查。

第八条 同一市场监督管理部门不得在六个月内对同一生产者按照同一标准生产的同一商标、同一规格型号的产品(以下简称同一产品)进行两次以上监督抽查。

被抽样生产者、销售者在抽样时能够证明同一产品在六个月内经上级市场监督管理部门监督抽查的,下级市场监督管理部门不得重复抽查。

对监督抽查发现的不合格产品的跟踪抽查和为应对突发事件开展的监督抽查,不适用前两款规定。

第九条 监督抽查实行抽检分离制度。除现场检验外,抽样人员不得承担其抽样产品的检验工作。

第十条 组织监督抽查的市场监督管理部门应当按照法律、行政法规有关规定公开监督抽查结果。

未经组织监督抽查的市场监督管理部门同意,任何单位和个人不得擅自公开监督抽查结果。

第二章 监督抽查的组织

第十一条 国家市场监督管理总局负责制定国家监督抽查年度

计划,并通报省级市场监督管理部门。

县级以上地方市场监督管理部门负责制定本级监督抽查年度计划,并报送上一级市场监督管理部门备案。

第十二条 组织监督抽查的市场监督管理部门应当根据本级监督抽查年度计划,制定监督抽查方案和监督抽查实施细则。

监督抽查方案应当包括抽查产品范围、工作分工、进度要求等内容。监督抽查实施细则应当包括抽样方法、检验项目、检验方法、判定规则等内容。

监督抽查实施细则应当在抽样前向社会公开。

第十三条 组织监督抽查的市场监督管理部门应当按照政府采购等有关要求,确定承担监督抽查抽样、检验工作的抽样机构、检验机构,并签订委托协议,明确权利、义务、违约责任等内容。

法律、行政法规对抽样机构、检验机构的资质有规定的,应当委托具备法定资质的机构。

第十四条 抽样机构、检验机构应当在委托范围内开展抽样、检验工作,保证抽样、检验工作及其结果的客观、公正、真实。

抽样机构、检验机构不得有下列行为:

(一)在实施抽样前以任何方式将监督抽查方案有关内容告知被抽样生产者、销售者;

(二)转包检验任务或者未经组织监督抽查的市场监督管理部门同意分包检验任务;

(三)出具虚假检验报告;

(四)在承担监督抽查相关工作期间,与被抽样生产者、销售者签订监督抽查同类产品的有偿服务协议或者接受被抽样生产者、销售者对同一产品的委托检验;

(五)利用监督抽查结果开展产品推荐、评比,出具监督抽查产品合格证书、牌匾等;

(六)利用承担监督抽查相关工作的便利,牟取非法或者不当利益；

（七）违反规定向被抽样生产者、销售者收取抽样、检验等与监督抽查有关的费用。

第三章 抽　　样

第一节　现　场　抽　样

第十五条　市场监督管理部门应当自行抽样或者委托抽样机构抽样，并按照有关规定随机抽取被抽样生产者、销售者，随机选派抽样人员。

抽样人员应当熟悉相关法律、行政法规、部门规章以及标准等规定。

第十六条　抽样人员不得少于两人，并向被抽样生产者、销售者出示组织监督抽查的市场监督管理部门出具的监督抽查通知书、抽样人员身份证明。抽样机构执行抽样任务的，还应当出示组织监督抽查的市场监督管理部门出具的授权委托书复印件。

抽样人员应当告知被抽样生产者、销售者抽查产品范围、抽样方法等。

第十七条　样品应当由抽样人员在被抽样生产者、销售者的待销产品中随机抽取，不得由被抽样生产者、销售者自行抽样。

抽样人员发现被抽样生产者、销售者涉嫌存在无证无照等无需检验即可判定违法的情形的，应当终止抽样，立即报告组织监督抽查的市场监督管理部门，并同时报告涉嫌违法的被抽样生产者、销售者所在地县级市场监督管理部门。

第十八条　有下列情形之一的，抽样人员不得抽样：

（一）待销产品数量不符合监督抽查实施细则要求的；

（二）有充分证据表明拟抽样产品不用于销售，或者只用于出口

并且出口合同对产品质量另有约定的;

(三)产品或者其包装上标注"试制"、"处理"、"样品"等字样的。

第十九条 抽样人员应当按照监督抽查实施细则所规定的抽样方法进行抽样。

抽样人员应当使用规定的抽样文书记录抽样信息,并对抽样场所、贮存环境、被抽样产品的标识、库存数量、抽样过程等通过拍照或者录像的方式留存证据。

抽样文书应当经抽样人员和被抽样生产者、销售者签字。被抽样生产者、销售者拒绝签字的,抽样人员应当在抽样文书上注明情况,必要时可以邀请有关人员作为见证人。

抽样文书确需更正或者补充的,应当由被抽样生产者、销售者在更正或者补充处以签名、盖章等方式予以确认。

第二十条 因被抽样生产者、销售者转产、停业等原因致使无法抽样的,抽样人员应当如实记录,报送组织监督抽查的市场监督管理部门。

第二十一条 被抽样生产者、销售者以明显不合理的样品价格等方式阻碍、拒绝或者不配合抽样的,抽样人员应当如实记录,立即报告组织监督抽查的市场监督管理部门,并同时报告被抽样生产者、销售者所在地县级市场监督管理部门。

第二十二条 样品分为检验样品和备用样品。

除不以破坏性试验方式进行检验,并且不会对样品质量造成实质性影响的外,抽样人员应当购买检验样品。购买检验样品的价格以生产、销售产品的标价为准;没有标价的,以同类产品的市场价格为准。

备用样品由被抽样生产者、销售者先行无偿提供。

法律、行政法规、部门规章对样品获取方式另有规定的,依照其规定。

第二十三条 抽样人员应当采取有效的防拆封措施,对检验样品和备用样品分别封样,并由抽样人员和被抽样生产者、销售者签字确认。

第二十四条 样品应当由抽样人员携带或者寄递至检验机构进行检验。对于易碎品、危险化学品等对运输、贮存过程有特殊要求的样品,应当采取有效措施,保证样品的运输、贮存过程符合国家有关规定,不发生影响检验结论的变化。

样品需要先行存放在被抽样生产者、销售者处的,应当予以封存,并加施封存标识。被抽样生产者、销售者应当妥善保管封存的样品,不得隐匿、转移、变卖、损毁。

第二节　网　络　抽　样

第二十五条 市场监督管理部门对电子商务经营者销售的本行政区域内的生产者生产的产品和本行政区域内的电子商务经营者销售的产品进行抽样时,可以以消费者的名义买样。

第二十六条 市场监督管理部门进行网络抽样的,应当记录抽样人员以及付款账户、注册账号、收货地址、联系方式等信息。抽样人员应当通过截图、拍照或者录像的方式记录被抽样销售者信息、样品网页展示信息,以及订单信息、支付记录等。

第二十七条 抽样人员购买的样品应当包括检验样品和备用样品。

第二十八条 抽样人员收到样品后,应当通过拍照或者录像的方式记录拆封过程,对寄递包装、样品包装、样品标识、样品寄递情形等进行查验,对检验样品和备用样品分别封样,并将检验样品和备用样品携带或者寄递至检验机构进行检验。

抽样人员应当根据样品情况填写抽样文书。抽样文书经抽样人员签字并加盖抽样单位公章后,与监督抽查通知书一并寄送被抽样销售者。抽样机构执行买样任务的,还应当寄送组织监督抽查的市场监督管理部门出具的授权委托书复印件。

第四章 检 验

第二十九条 检验人员收到样品后,应当通过拍照或者录像的方式检查记录样品的外观、状态、封条有无破损以及其他可能对检验结论产生影响的情形,并核对样品与抽样文书的记录是否相符。

对于抽样不规范的样品,检验人员应当拒绝接收并书面说明理由,同时向组织监督抽查的市场监督管理部门报告。

对于网络抽样的检验样品和备用样品,应当分别加贴相应标识后,按照有关要求予以存放。

第三十条 被抽样产品实行生产许可、强制性产品认证等管理的,检验人员应当在检验前核实样品的生产者是否符合相应要求。

检验人员发现样品的生产者涉嫌存在无证无照等无需检验即可判定违法的情形的,应当终止检验,立即报告组织监督抽查的市场监督管理部门,并同时报告涉嫌违法的样品的生产者所在地县级市场监督管理部门。

第三十一条 检验人员应当按照监督抽查实施细则所规定的检验项目、检验方法、判定规则等进行检验。

检验中发现因样品失效或者其他原因致使检验无法进行的,检验人员应当如实记录,并提供相关证明材料,报送组织监督抽查的市场监督管理部门。

第三十二条 检验机构出具检验报告,应当内容真实齐全、数据准确、结论明确,并按照有关规定签字、盖章。

检验机构和检验人员应当对其出具的检验报告负责。

第三十三条 检验机构应当在规定时间内将检验报告及有关材料报送组织监督抽查的市场监督管理部门。

第三十四条 检验结论为合格并且属于无偿提供的样品,组织监督抽查的市场监督管理部门应当在提出异议处理申请期限届满后及时退还。

前款规定以外的其他样品,组织监督抽查的市场监督管理部门应当在提出异议处理申请期限届满后按照有关规定处理。

第五章 异议处理

第三十五条 组织监督抽查的市场监督管理部门应当及时将检验结论书面告知被抽样生产者、销售者,并同时告知其依法享有的权利。

样品属于在销售者处现场抽取的,组织监督抽查的市场监督管理部门还应当同时书面告知样品标称的生产者。

样品属于通过网络抽样方式购买的,还应当同时书面告知电子商务平台经营者和样品标称的生产者。

第三十六条 被抽样生产者、销售者有异议的,应当自收到检验结论书面告知之日起十五日内向组织监督抽查的市场监督管理部门提出书面异议处理申请,并提交相关材料。

第三十七条 被抽样生产者、销售者对抽样过程、样品真实性等有异议的,收到异议处理申请的市场监督管理部门应当组织异议处理,并将处理结论书面告知申请人。

被抽样生产者、销售者对检验结论有异议,提出书面复检申请并阐明理由的,收到异议处理申请的市场监督管理部门应当组织研究。对需要复检并具备检验条件的,应当组织复检。

除不以破坏性试验方式进行检验,并且不会对样品质量造成实质性影响的外,组织复检的市场监督管理部门应当向被抽样生产者、销售者支付备用样品费用。

第三十八条 申请人应当自收到市场监督管理部门复检通知之日起七日内办理复检手续。逾期未办理的,视为放弃复检。

第三十九条　市场监督管理部门应当自申请人办理复检手续之日起十日内确定具备相应资质的检验机构进行复检。

复检机构与初检机构不得为同一机构，但组织监督抽查的省级以上市场监督管理部门行政区域内或者组织监督抽查的市级、县级市场监督管理部门所在省辖区内仅有一个检验机构具备相应资质的除外。

第四十条　被抽样生产者、销售者隐匿、转移、变卖、损毁备用样品的，应当终止复检，并以初检结论为最终结论。

第四十一条　复检机构应当通过拍照或者录像的方式检查记录备用样品的外观、状态、封条有无破损以及其他可能对检验结论产生影响的情形，并核对备用样品与抽样文书的记录是否相符。

第四十二条　复检机构应当在规定时间内按照监督抽查实施细则所规定的检验方法、判定规则等对与异议相关的检验项目进行复检，并将复检结论及时报送组织复检的市场监督管理部门，由组织复检的市场监督管理部门书面告知复检申请人。复检结论为最终结论。

第四十三条　复检费用由申请人向复检机构先行支付。复检结论与初检结论一致的，复检费用由申请人承担；与初检结论不一致的，复检费用由组织监督抽查的市场监督管理部门承担。

第六章　结　果　处　理

第四十四条　组织监督抽查的市场监督管理部门应当汇总分析、依法公开监督抽查结果，并向地方人民政府、上一级市场监督管理部门和同级有关部门通报监督抽查情况。

组织地方监督抽查的市场监督管理部门发现不合格产品为本行政区域以外的生产者生产的，应当及时通报生产者所在地同级市场监督管理部门。

第四十五条　对检验结论为不合格的产品,被抽样生产者、销售者应当立即停止生产、销售同一产品。

第四十六条　负责结果处理的市场监督管理部门应当责令不合格产品的被抽样生产者、销售者自责令之日起六十日内予以改正。

第四十七条　负责结果处理的市场监督管理部门应当自责令之日起七十五日内按照监督抽查实施细则组织复查。

被抽样生产者、销售者经复查不合格的,负责结果处理的市场监督管理部门应当逐级上报至省级市场监督管理部门,由其向社会公告。

第四十八条　负责结果处理的市场监督管理部门应当在公告之日起六十日后九十日前对被抽样生产者、销售者组织复查,经复查仍不合格的,按照《中华人民共和国产品质量法》第十七条规定,责令停业、限期整顿;整顿期满后经复查仍不合格的,吊销营业执照。

第四十九条　复查所需样品由被抽样生产者、销售者无偿提供。

除为提供复查所需样品外,被抽样生产者、销售者在经负责结果处理的市场监督管理部门认定复查合格前,不得恢复生产、销售同一产品。

第五十条　监督抽查发现产品存在区域性、行业性质量问题,市场监督管理部门可以会同其他有关部门、行业组织召开质量分析会,指导相关产品生产者、销售者加强质量管理。

第七章　法　律　责　任

第五十一条　被抽样生产者、销售者有下列情形之一的,由县级市场监督管理部门按照有关法律、行政法规规定处理;法律、行政法规未作规定的,处三万元以下罚款;涉嫌构成犯罪,依法需要追究刑事责任的,按照有关规定移送公安机关:

(一)被抽样产品存在严重质量问题的;

(二)阻碍、拒绝或者不配合依法进行的监督抽查的;

(三)未经负责结果处理的市场监督管理部门认定复查合格而恢复生产、销售同一产品的;

(四)隐匿、转移、变卖、损毁样品的。

第五十二条 抽样机构、检验机构及其工作人员违反本办法第九条、第十四条第二款规定的,由县级市场监督管理部门按照有关法律、行政法规规定处理;法律、行政法规未作规定的,处三万元以下罚款;涉嫌构成犯罪,依法需要追究刑事责任的,按照有关规定移送公安机关。

第五十三条 市场监督管理部门工作人员滥用职权、玩忽职守、徇私舞弊的,对直接负责的主管人员和其他直接责任人员依法给予行政处分。

第八章 附 则

第五十四条 市场监督管理部门应当妥善保存抽样文书等有关材料、证据,保存期限不得少于两年。

第五十五条 本办法中所称"日"为公历日。期间届满的最后一日为法定节假日的,以法定节假日后的第一日为期间届满的日期。

第五十六条 本办法自2020年1月1日起施行。2010年12月29日原国家质量监督检验检疫总局令第133号公布的《产品质量监督抽查管理办法》、2014年2月14日原国家工商行政管理总局令第61号公布的《流通领域商品质量抽查检验办法》、2016年3月17日原国家工商行政管理总局令第85号公布的《流通领域商品质量监督管理办法》同时废止。

产品防伪监督管理办法

（2002年11月1日国家质量监督检验检疫总局令第27号公布　根据2016年10月18日国家质量监督检验检疫总局令第184号《关于修改和废止部分规章的决定》第一次修正　根据2018年3月6日国家质量监督检验检疫总局令第196号《关于废止和修改部分规章的决定》第二次修正　根据2022年9月29日国家市场监督管理总局令第61号《关于修改和废止部分部门规章的决定》第三次修正）

第一条　为了加强对产品防伪的监督管理，预防和打击假冒违法活动，维护市场经济秩序，有效地保护产品生产者、使用者和消费者的合法权益，根据《中华人民共和国产品质量法》，制定本办法。

第二条　在中华人民共和国境内从事防伪技术、防伪技术产品及防伪鉴别装置的研制、生产、使用，应当遵守本办法。

法律、行政法规及国务院另有规定的除外。

第三条　国家市场监督管理总局负责对产品防伪实施统一监督管理，全国防伪技术产品管理办公室（以下简称全国防伪办）承担全国产品防伪监督管理的具体实施工作。

各省、自治区、直辖市市场监督管理部门（以下简称省级市场监督管理部门）负责本行政区内产品防伪的监督管理。

第四条　产品防伪的监督管理实行由国家市场监督管理总局统一管理，相关部门配合，中介机构参与，企业自律的原则。

第五条 产品防伪监督管理机构、中介机构、技术评审机构、检测机构及其工作人员必须坚持科学、公正、实事求是的原则,保守防伪技术秘密;不得滥用职权、徇私舞弊、泄露或扩散防伪技术秘密。

第六条 防伪技术产品生产企业应当遵守下列规定:

(一)严格执行防伪技术产品的国家标准、行业标准及企业标准;

(二)防伪技术产品的生产须签定有书面合同,明确双方的权利、义务和违约责任;禁止无合同非法生产、买卖防伪技术产品或者含有防伪技术产品的包装物、标签等;

(三)必须保证防伪技术产品供货的唯一性,不得为合同规定以外的第三方生产相同或者近似的防伪技术产品;

(四)不得生产或者接受他人委托生产假冒的防伪技术产品;

(五)严格执行保密制度,保守防伪技术秘密。

第七条 防伪技术产品生产企业在承接防伪技术产品生产任务时,必须查验委托方提供的有关证明材料,包括:

(一)营业执照等统一社会信用代码证书副本或者有关身份证明材料;

(二)使用防伪技术产品的产品名称、型号以及国家市场监督管理总局认定的质量检验机构对该产品的检验合格报告;

(三)印制带有防伪标识的商标、质量标志的,应当出具商标持有证明与质量标志认定证明;

(四)境外组织或个人委托生产时,还应当出示其所属国或者地区的合法身份证明和营业证明。

第八条 防伪技术产品生产企业对所生产的产品质量负责,其产品防伪功能或者防伪鉴别能力下降,不能满足用户要求时,应当立即停止生产并报全国防伪办;给用户造成损失的,应当依法承担经济赔偿责任。

第九条 国家市场监督管理总局对防伪技术产品质量实施国家监督抽查,地方监督抽查由县级以上地方市场监督管理部门在本行政区域内组织实施。

第十条 政府鼓励防伪中介机构发挥防伪技术产品推广应用的桥梁作用,鼓励企业采用防伪技术产品。

第十一条 国务院有关部门或者行业牵头单位应用防伪技术对某类产品实行统一防伪管理的,须会同国家市场监督管理总局向社会招标,择优选用防伪技术与防伪技术产品。

第十二条 防伪技术产品的使用者应当遵守下列规定:

(一)必须选用合格的防伪技术产品;

(二)使用防伪技术产品,应当专项专用,不得擅自扩大使用范围或者自行更换;

(三)保守防伪技术秘密。

第十三条 防伪技术产品使用者如发现所用防伪技术产品防伪功能不佳、防伪失效时,可向防伪技术产品生产企业反映,并报市场监督管理部门协助处理。

第十四条 生产不符合有关强制性标准的防伪技术产品的,按照《中华人民共和国产品质量法》有关规定予以处罚。

第十五条 产品防伪技术评审机构、检验机构出具与事实不符的结论与数据的,按照《中华人民共和国产品质量法》第五十七条的规定处罚。

第十六条 从事产品防伪管理的国家工作人员滥用职权、徇私舞弊或者泄露防伪技术机密的,给予行政处分;构成犯罪的,依法追究刑事责任。

第十七条 本办法所称产品防伪是指防伪技术的开发、防伪技术产品的生产、应用,并以防伪技术手段向社会明示产品真实性担保的全过程。

本办法所称防伪技术是指为了达到防伪的目的而采取的,在规定范围内能准确鉴别真伪并不易被仿制、复制的技术。所指防伪技术产品是以防伪为目的,采用了防伪技术制成的,具有防伪功能的产品。

第十八条 本办法由国家市场监督管理总局负责解释。

第十九条 本办法自 2002 年 12 月 1 日起施行,原国家技术监督局 1996 年 1 月公布的《防伪技术产品管理办法(试行)》(技监局综发〔1996〕22 号)同时废止。

中国质量奖管理办法

(2021 年 3 月 3 日国家市场监督管理总局令第 36 号公布
自 2021 年 5 月 1 日起施行)

第一章 总 则

第一条 为了规范中国质量奖管理工作,根据《中华人民共和国产品质量法》《国家功勋荣誉表彰条例》等有关规定,制定本办法。

第二条 中国质量奖是经中央批准的由国家市场监督管理总局主办的政府在质量管理领域授予相关组织和个人的最高荣誉。

第三条 中国质量奖旨在推广科学的质量管理制度、模式和方法,促进质量管理创新,传播先进质量理念,激励引导全社会不断提升质量,建设质量强国。

第四条 中国质量奖分为中国质量奖和中国质量奖提名奖,评选周期为 2 年。中国质量奖名额每届不超过 10 个组织和个人,中国质量奖提名奖名额每届不超过 90 个组织和个人。

第五条 中国质量奖的申报、受理、评审、表彰以及宣传推广、监督管理,适用本办法。

第六条 国家市场监督管理总局商有关部门设立中国质量奖评选表彰委员会。评选表彰委员会由质量管理领域专家学者、有关主管部门相关人员、企业家以及消费者代表等组成,负责中国质量奖的受理、评审、表彰工作的组织实施。

评选表彰委员会下设评审分委员会和监督分委员会。评审分委员会负责中国质量奖的评审相关具体工作。监督分委员会负责监督中国质量奖的受理、评审、表彰工作。

第二章 申报与受理

第七条 符合本办法第八条规定的组织和符合本办法第九条规定的个人,可以自愿申报中国质量奖。

第八条 法人、非法人组织或者其分支、内设、派出等机构(以下简称申报组织)申报中国质量奖,应当符合下列条件:

(一)拥护中央的路线、方针、政策;

(二)在中华人民共和国境内依法设立;

(三)近5年内无重大质量、安全、环保等事故,无相关违法、违规、违纪行为;

(四)在质量水平、创新能力、品牌影响力以及效益等方面取得突出成绩并达到国际领先水平;

(五)实施质量发展战略,坚持质量第一的发展理念,崇尚优秀质量文化;

(六)质量管理制度、模式、方法有所创新,并且成熟度高,具有推广价值。

第九条 自然人(以下简称申报个人)申报中国质量奖,应当符合下列条件:

(一)拥护中央的路线、方针、政策;

(二)对中国质量管理制度、模式、方法创新以及质量发展事业作出突出贡献;

(三)恪守职业道德和社会规范,无相关违法、违规、违纪行为。

第十条 申报组织和申报个人应当按照规定填写申报表,提供书面材料,并对申报材料的完整性、真实性、准确性负责。

申报材料不得涉及国家安全、国家秘密。涉及商业秘密的,申报组织和申报个人应当予以注明。

第十一条 申报中国质量奖原则上应当按照本办法第十二条至第十四条规定的程序执行。

第十二条 申报组织应当在本组织内部进行公示。申报组织为法人或者非法人组织的分支、内设、派出等机构的,法人或者非法人组织应当对经其审查符合本办法第八条规定条件的组织在本单位内部进行公示,并对经公示无异议的申报组织出具申报推荐意见。

申报个人的所在单位应当对经其审查符合本办法第九条规定条件的个人在本单位内部进行公示,并对经公示无异议的申报个人出具申报推荐意见。

公示时间不少于5个工作日。

第十三条 申报组织和申报个人可以向下列单位提交申报材料:

(一)申报组织所在地省级市场监督管理部门、申报个人所在单位所在地省级市场监督管理部门;

(二)受国家市场监督管理总局委托的社会团体、行政机关。

按照本办法第十二条规定需要取得申报推荐意见的申报组织和申报个人,还应当提交申报推荐意见。

第十四条 省级市场监督管理部门以及受国家市场监督管理总局委托的社会团体、行政机关应当对收到的申报材料的完整性、真实性、准确性、合法性进行审核,征求相关部门意见后向社会公示。公示时间不少于5个工作日。

经公示无异议的,省级市场监督管理部门以及受国家市场监督管理总局委托的社会团体、行政机关应当出具审核意见,经有关单位同意后,与申报材料及申报推荐意见一并送评选表彰委员会。

第十五条　评选表彰委员会应当对下列事项进行形式审查:

(一)申报组织和申报个人是否符合本办法第八条、第九条规定;

(二)申报程序是否符合本办法第十二条至第十四条规定;

(三)申报材料及申报推荐意见、审核意见是否齐全。

第十六条　评选表彰委员会应当将通过形式审查的申报组织和申报个人征求有关主管部门意见。

第十七条　评选表彰委员会根据形式审查意见和有关主管部门意见,形成中国质量奖受理名单,向社会公示。公示时间不少于5个工作日。

对未被列入受理名单的申报组织和申报个人,应当退回申报材料,并书面说明理由。

第三章　评审与表彰

第十八条　对经公示无异议的申报组织和申报个人,评审分委员会应当按照规定进行评审。

评审包括材料评审、陈述答辩、现场评审。

第十九条　评审分委员会应当组织成立材料评审组对申报材料进行评审,投票产生中国质量奖候选名单和中国质量奖提名奖候选名单,送评选表彰委员会。

第二十条　中国质量奖候选名单和中国质量奖提名奖候选名单经评选表彰委员会审核后,向社会公示。公示时间不少于5个工作日。

第二十一条　对经公示无异议的列入中国质量奖候选名单的申报组织,评审分委员会应当组织其负责人对质量管理情况进行陈述答辩,并评议打分。

第二十二条　对通过陈述答辩的申报组织和经公示无异议的列

入中国质量奖候选名单的申报个人,评审分委员会应当组织成立现场评审组进行现场评审,形成现场评审报告。

第二十三条 评审分委员会应当根据评审结果形成评审报告,送评选表彰委员会审议,由评选表彰委员会投票产生中国质量奖获奖建议名单和中国质量奖提名奖获奖建议名单,并向社会公示。公示时间不少于5个工作日。

第二十四条 对中国质量奖受理、评审相关公示有异议的,可以向评选表彰委员会提出异议,并提供相应证明。

个人提出异议的,应当在异议材料上签署本人姓名,注明联系电话、通讯地址,并提供身份证明;单位提出异议的,应当在异议材料上注明住所及联系电话、通讯地址,并加盖单位公章。

第二十五条 评选表彰委员会应当自收到异议材料之日起5个工作日内进行审查,对符合规定并能提供充分证明的异议,应当予以受理并出具书面凭证。

第二十六条 与异议有关的单位和个人应当配合评选表彰委员会进行异议调查。

必要时,评选表彰委员会可以组织与前款规定的单位和个人无利害关系的专家进行异议调查。

第二十七条 评选表彰委员会应当将异议处理结果书面告知异议人,并通报被异议人和出具审核意见的省级市场监督管理部门或者受国家市场监督管理总局委托的社会团体、行政机关。

经调查异议不成立的,不影响符合要求的申报组织和申报个人继续参加评审。

第二十八条 任何单位和个人发现中国质量奖的受理、评审存在违法、违规、违纪情形的,可以向监督分委员会举报。

第二十九条 监督分委员会应当对中国质量奖的受理、评审进行监督,并向评选表彰委员会报告监督情况。发现有关单位和个人存在违法、违规、违纪行为的,可以建议有权机关予以处理。

第三十条 对列入中国质量奖获奖建议名单和中国质量奖提名奖获奖建议名单的申报组织和申报个人,经公示无异议的,由评选表彰委员会报国家市场监督管理总局审定。

第三十一条 中国质量奖和中国质量奖提名奖的获奖组织和获奖个人(以下简称获奖组织和个人)由国家市场监督管理总局发布表彰决定,并颁发证书、奖牌或者奖章。

第四章 宣传推广与监督管理

第三十二条 获奖组织和个人应当积极宣传推广质量管理制度、模式、方法,并为其他组织学习观摩提供便利。

第三十三条 获奖组织的质量管理制度、模式、方法发生重大变化的,获奖组织应当书面告知出具审核意见的所在地省级市场监督管理部门或者受国家市场监督管理总局委托的社会团体、行政机关。

第三十四条 获奖组织和个人不得将中国质量奖用于产品、服务的标识或者产品、服务的质量宣传,不得出售、出租证书、奖牌或者奖章,或者将其用于从事其他营利性活动。

第三十五条 省级市场监督管理部门以及受国家市场监督管理总局委托的社会团体、行政机关应当按照职责,组织本地区、本行业获奖组织和个人开展质量管理交流推广活动,并对其遵守本办法规定的情况进行监督。发现存在重大违法行为的,应当报告国家市场监督管理总局。

第三十六条 申报组织和申报个人隐瞒有关情况或者提供虚假材料进行申报的,5年内不予受理其申报。

第三十七条 获奖组织和个人以欺骗、贿赂等不正当手段获奖的,取消其奖励,收回证书、奖牌或者奖章,10年内不予受理其申报,建议有权机关予以处理,并向社会公开。

获奖组织和个人自获奖之日起5年内发生重大质量、安全、环保等事故,或者存在严重违法、违规、违纪情形以及违反本办法有关规定情形的,取消其奖励,收回证书、奖牌或者奖章,并向社会公开。

第三十八条 省级市场监督管理部门或者受国家市场监督管理总局委托的社会团体、行政机关协助隐瞒相关情况、提供虚假材料进行申报,或者协助以欺骗、贿赂等不正当手段获奖的,建议有权机关对其直接责任人予以处理。

第五章 附 则

第三十九条 参与中国质量奖受理、评审、表彰的单位和个人与申报组织或者申报个人存在利害关系的,应当回避,并对其知悉的商业秘密予以保密。

第四十条 本办法自2021年5月1日起施行。2015年9月14日原国家质量监督检验检疫总局令第167号发布的《中国质量奖管理办法》同时废止。

工业产品销售单位落实质量安全主体责任监督管理规定

(2023年4月4日国家市场监督管理总局令第76号公布
自2023年5月5日起施行)

第一条 为了督促工业产品销售单位(以下简称销售单位)落实

产品质量安全主体责任,强化销售单位主要负责人产品质量安全责任,规范质量安全管理人员行为,根据《中华人民共和国产品质量法》《中华人民共和国标准化法》《中华人民共和国认证认可条例》《中华人民共和国工业产品生产许可证管理条例》等法律法规,制定本规定。

第二条 在中华人民共和国境内,实施工业产品生产许可、强制性产品认证管理,以及涉及人身健康和生命财产安全并有强制性国家标准要求的产品销售单位主要负责人和质量安全总监、质量安全员,依法落实产品质量安全责任的行为及其监督管理,适用本规定。

第三条 销售单位应当建立健全产品质量安全管理制度,落实产品质量安全责任制,依法配备与单位规模、产品类别、风险等级相适应的质量安全总监和质量安全员,明确销售单位主要负责人、质量安全总监和质量安全员的岗位职责。

销售单位主要负责人对本单位的产品质量安全工作全面负责,建立并落实产品质量安全主体责任的长效机制。质量安全总监、质量安全员应当按照岗位职责协助销售单位主要负责人做好产品质量安全管理工作。

第四条 销售单位主要负责人应当支持和保障质量安全总监、质量安全员依法开展产品质量安全管理工作,在作出涉及产品质量安全的重大决策前,应当充分听取质量安全总监和质量安全员的意见和建议。

质量安全总监、质量安全员发现产品存在危及安全的缺陷时,应当提出停止相应产品销售等否决建议,销售单位主要负责人应当立即组织分析研判,采取处置措施,消除风险隐患;对已经销售的确认存在缺陷的产品,销售单位应当配合生产单位及时进行召回。

第五条 在依法配备质量安全员的基础上,下列销售单位应当配备质量安全总监:

(一)销售工业产品生产许可证管理产品的单位;

（二）销售强制性产品认证管理产品的单位；

（三）其他涉及人身健康和生命财产安全并有强制性国家标准要求的工业产品大中型销售单位。

县级以上地方市场监督管理部门应当结合本地区实际，指导本辖区具备条件的销售单位配备质量安全总监。

第六条 质量安全总监和质量安全员应当具备以下质量安全管理能力：

（一）熟悉工业产品质量安全相关法律法规、强制性国家标准和本单位质量管理制度；

（二）具备与所负责工作相关的专业教育背景和工作经验，熟悉任职岗位的工作任务和要求，具有识别和防控相应工业产品质量安全风险的专业知识和技能；

（三）参加本单位组织的质量安全管理人员培训并通过考核；

（四）其他应当具备的工业产品质量安全管理能力。

第七条 质量安全总监按照职责要求直接对本单位主要负责人负责，承担下列职责：

（一）组织本单位严格落实工业产品质量安全相关法律法规责任义务及标准要求；

（二）组织制定本单位质量管理制度，建立岗位质量安全规范、质量安全责任以及相应的考核办法并督促落实；

（三）督促指导质量安全员落实岗位职责，检查本单位各岗位质量安全责任制落实情况；

（四）组织制定并督促落实工业产品质量安全风险防控措施，定期开展质量安全自查，组织实施风险分析研判，评估质量安全状况，及时向本单位主要负责人报告质量安全工作情况并提出改进措施，行使质量安全一票否决权并采取处置措施，消除质量安全隐患；

（五）对员工组织开展质量安全教育、培训和考核；

（六）接受和配合市场监督管理部门开展的监督检查、缺陷产品召回、事故调查和质量安全追溯等工作,对检查发现的问题积极整改落实。

销售单位应当按照前款规定,结合实际细化制定《质量安全总监职责》。

第八条 质量安全员按照职责要求对质量安全总监或者销售单位主要负责人负责,承担下列职责:

(一)督促指导员工落实岗位质量安全规范;

(二)检查销售过程质量控制等制度落实情况;

(三)实施对不合格品的控制,督促员工采取有效措施整改质量问题并及时报告质量安全总监;

(四)管理维护本单位销售产品质量安全档案,按要求保存相关资料;

(五)接受和配合市场监督管理部门开展的监督检查、缺陷产品召回、事故调查和质量安全追溯等工作,如实提供有关材料。

销售单位应当按照前款规定,结合实际细化制定《质量安全员守则》。

第九条 销售单位应当建立基于工业产品质量安全风险防控的动态管理机制,结合本单位实际,落实自查要求,制定包括进货查验、索证索票、建立台账、核对产品质量信息等内容的《工业产品质量安全风险管控清单》,建立健全日管控、周排查、月调度工作制度。

第十条 销售单位应当建立工业产品质量安全日管控制度。质量安全员每日根据《工业产品质量安全风险管控清单》进行检查,形成《每日工业产品质量安全检查记录》,对发现的质量安全风险隐患,应当立即采取防范措施,及时上报质量安全总监或者销售单位主要负责人。未发现问题的,也应当予以记录,实行零风险报告。

第十一条 销售单位应当建立工业产品质量安全周排查制度。质量安全总监每周至少组织一次风险隐患排查,根据日管控中发现的问题,分析研判产品质量安全状况,形成《每周工业产品质量安全排查治理报告》。

第十二条 销售单位应当建立工业产品质量安全月调度制度。单位主要负责人每月至少听取一次质量安全总监管理工作情况汇报,对当月销售的工业产品质量安全日常管理、风险隐患排查治理等情况进行总结,对下个月重点工作作出调度安排,形成《每月工业产品质量安全调度会议纪要》。

第十三条 销售单位应当将主要负责人、质量安全总监、质量安全员的设立、调整和履职情况,《质量安全总监职责》《质量安全员守则》《工业产品质量安全风险管控清单》《每日工业产品质量安全检查记录》《每周工业产品质量安全排查治理报告》《每月工业产品质量安全调度会议纪要》以及质量安全总监、质量安全员提出的意见建议予以记录并存档备查。

第十四条 市场监督管理部门应当将销售单位建立并落实工业产品质量安全责任制等管理制度,销售单位在日管控、周排查、月调度中发现的工业产品质量安全风险隐患以及整改情况作为监督检查的重要内容。

第十五条 销售单位应当组织对质量安全总监和质量安全员进行法律法规、标准和专业知识培训、考核,同时对培训、考核情况予以记录并存档备查。未通过考核的人员不得担任相应岗位的质量安全管理人员。

县级以上地方市场监督管理部门按照国家市场监督管理总局制定的《工业产品销售单位质量安全管理人员考核指南》,组织对本辖区销售单位的质量安全总监、质量安全员随机进行监督抽查考核并公布结果。监督抽查考核不得收取费用。

抽查考核不合格的,销售单位应当立即采取整改措施。

第十六条 销售单位应当为质量安全总监和质量安全员提供必要的工作条件、教育培训和岗位待遇,充分保障其依法履行职责。

鼓励销售单位建立对质量安全总监和质量安全员的激励约束机

制,对工作成效显著的给予表彰奖励,对履职不到位的予以惩戒。

市场监督管理部门在查处销售单位违法行为时,应当将销售单位落实产品质量安全主体责任情况作为判断其主观过错、违法情节、处罚幅度等考量的重要因素。

销售单位及其主要负责人无正当理由未采纳质量安全总监和质量安全员依照本规定第四条提出的意见或者建议的,应当认为质量安全总监和质量安全员已经依法履职尽责,对质量安全总监和质量安全员不予处罚。

第十七条 销售单位未按规定建立质量安全管理制度,或者未按规定配备、培训、考核质量安全总监、质量安全员,或者未按责任制要求落实质量安全责任的,由县级以上地方市场监督管理部门责令改正,给予警告;拒不改正的,处五千元以上五万元以下罚款。法律、行政法规另有规定的,从其规定。

第十八条 本规定下列用语的含义是:

(一)工业产品是指经过工业化过程加工、制作,且用于销售的产品,不包括食品、药品、特种设备以及有特殊法管理的产品。

(二)产品质量安全是指工业产品销售单位应当保证其销售的产品符合强制性国家标准以及工业产品生产许可、强制性产品认证管理规定的准入要求,且不存在危及人身健康和生命财产安全的不合理危险。

(三)工业产品大型销售单位是指从业人员二百人以上或者营业收入四亿元以上的批发单位,以及从业人员三百人以上或者营业收入二亿元以上的零售单位;工业产品中型销售单位是指从业人员二十人以上二百人以下或者营业收入五千万元以上四亿元以下的批发单位,以及从业人员五十人以上三百人以下或者营业收入五百万元以上二亿元以下的零售单位。

(四)工业产品销售单位主要负责人是指本单位的法定代表人、法定代表委托人或者实际控制人。

（五）质量安全总监是指本单位管理层中负责产品质量安全工作的管理人员。

（六）质量安全员是指本单位负责产品质量安全过程控制的检查人员。

第十九条　本规定自2023年5月5日起施行。

工业产品生产单位落实质量安全主体责任监督管理规定

（2023年4月4日国家市场监督管理总局令第75号公布
自2023年5月5日起施行）

第一条　为了督促工业产品生产单位(以下简称生产单位)落实产品质量安全主体责任，强化生产单位主要负责人产品质量安全责任，规范质量安全管理人员行为，根据《中华人民共和国产品质量法》《中华人民共和国标准化法》《中华人民共和国认证认可条例》《中华人民共和国工业产品生产许可证管理条例》等法律法规，制定本规定。

第二条　在中华人民共和国境内，实施工业产品生产许可、强制性产品认证管理，以及涉及人身健康和生命财产安全并有强制性国家标准要求的产品生产单位主要负责人和质量安全总监、质量安全员，依法落实产品质量安全责任的行为及其监督管理，适用本规定。

第三条　生产单位应当建立健全产品质量安全管理制度，落实产品质量安全责任制,依法配备与单位规模、产品类别、风险等级相适应的质量安全总监和质量安全员,明确生产单位主要负责人、质量安全总监和质量安全员的岗位职责。

生产单位主要负责人对本单位的产品质量安全工作全面负责,建立并落实产品质量安全主体责任的长效机制。质量安全总监、质量安全员应当按照岗位职责协助生产单位主要负责人做好产品质量安全管理工作。

第四条 生产单位主要负责人应当支持和保障质量安全总监、质量安全员依法开展产品质量安全管理工作,在作出涉及产品质量安全的重大决策前,应当充分听取质量安全总监和质量安全员的意见和建议。

质量安全总监、质量安全员发现产品存在危及安全的缺陷,或者生产许可证、强制性产品认证证书失效时,应当提出停止相应产品生产、销售等否决建议,生产单位主要负责人应当立即组织分析研判,采取处置措施,消除风险隐患;经确认存在缺陷的,应当按照国家有关规定进行召回。

第五条 在依法配备质量安全员的基础上,下列生产单位应当配备质量安全总监:

(一)实施工业产品生产许可证管理的产品生产单位;

(二)实施强制性产品认证管理的产品生产单位;

(三)其他涉及人身健康和生命财产安全并有强制性国家标准要求的工业产品大中型生产单位。

县级以上地方市场监督管理部门应当结合本地区实际,指导本辖区具备条件的生产单位配备质量安全总监。

第六条 质量安全总监和质量安全员应当具备以下质量安全管理能力:

(一)熟悉工业产品质量安全相关法律法规、强制性国家标准和本单位质量管理制度;

（二）具备与所负责工作相关的专业教育背景和工作经验，熟悉任职岗位的工作任务和要求，具有识别和防控相应工业产品质量安全风险的专业知识和技能；

（三）熟悉与本单位工业产品质量安全相关的设施设备、工艺流程、操作规程等生产过程控制，以及原材料进货把关、产品出厂检验要求；

（四）参加本单位组织的质量安全管理人员培训并通过考核；

（五）其他应当具备的工业产品质量安全管理能力。

第七条 质量安全总监按照职责要求直接对本单位主要负责人负责，承担下列职责：

（一）组织本单位严格落实工业产品质量安全相关法律法规责任义务及标准要求；

（二）组织制定本单位质量管理制度，建立岗位质量安全规范、质量安全责任以及相应的考核办法并督促落实；

（三）督促指导质量安全员落实岗位职责，检查本单位各岗位质量安全责任制落实情况；

（四）组织制定并督促落实工业产品质量安全风险防控措施，定期开展质量安全自查，组织实施风险分析研判，评估质量安全状况，及时向本单位主要负责人报告质量安全工作情况并提出改进措施，行使质量安全一票否决权并采取处置措施，消除质量安全隐患；

（五）组织拟定质量安全事故处置方案，开展应急演练，发生质量安全事故时，立即采取措施，防止事故扩大；

（六）对员工组织开展质量安全教育、培训和考核；

（七）接受和配合市场监督管理部门开展的监督检查、缺陷产品召回、事故调查和质量安全追溯等工作，对检查发现的问题积极整改落实。

生产单位应当按照前款规定，结合实际细化制定《质量安全总监职责》。

一、法律法规　151

第八条　质量安全员按照职责要求对质量安全总监或者生产单位主要负责人负责,承担下列职责:

(一)督促指导员工落实岗位质量安全规范;

(二)检查原材料进货把关、生产过程控制、产品出厂检验等制度落实情况;

(三)实施对不合格品的控制,督促员工采取有效措施整改质量问题并及时报告质量安全总监;

(四)管理维护本单位产品质量安全档案,按要求保存相关资料;

(五)接受和配合市场监督管理部门开展的监督检查、缺陷产品召回、事故调查和质量安全追溯等工作,如实提供有关材料。

生产单位应当按照前款规定,结合实际细化制定《质量安全员守则》。

第九条　生产单位应当建立基于工业产品质量安全风险防控的动态管理机制,结合本单位实际,落实自查要求,制定《工业产品质量安全风险管控清单》,建立健全日管控、周排查、月调度工作制度。

第十条　生产单位应当建立工业产品质量安全日管控制度。质量安全员每日根据《工业产品质量安全风险管控清单》进行检查,形成《每日工业产品质量安全检查记录》,对发现的质量安全风险隐患,应当立即采取防范措施,及时上报质量安全总监或者生产单位主要负责人。未发现问题的,也应当予以记录,实行零风险报告。

第十一条　生产单位应当建立工业产品质量安全周排查制度。质量安全总监每周至少组织一次风险隐患排查,根据日管控中发现的问题,分析研判产品质量安全状况,形成《每周工业产品质量安全排查治理报告》。

第十二条　生产单位应当建立工业产品质量安全月调度制度。单位主要负责人每月至少听取一次质量安全总监管理工作情况汇报,对当月工业产品质量安全日常管理、风险隐患排查治理等情况进行总结,对下个月重点工作作出调度安排,形成《每月工业产品质量安全调度会议纪要》。

第十三条 生产单位应当将主要负责人、质量安全总监、质量安全员的设立、调整和履职情况,《质量安全总监职责》《质量安全员守则》《工业产品质量安全风险管控清单》《每日工业产品质量安全检查记录》《每周工业产品质量安全排查治理报告》《每月工业产品质量安全调度会议纪要》以及质量安全总监、质量安全员提出的意见建议予以记录并存档备查。

第十四条 市场监督管理部门应当将生产单位建立并落实工业产品质量安全责任制等管理制度,生产单位在日管控、周排查、月调度中发现的工业产品质量安全风险隐患以及整改情况作为监督检查的重要内容。

第十五条 生产单位应当组织对质量安全总监和质量安全员进行法律法规、标准和专业知识培训、考核,同时对培训、考核情况予以记录并存档备查。未通过考核的人员不得担任相应岗位的质量安全管理人员。

县级以上地方市场监督管理部门按照国家市场监督管理总局制定的《工业产品生产单位质量安全管理人员考核指南》,组织对本辖区生产单位的质量安全总监、质量安全员随机进行监督抽查考核并公布结果。监督抽查考核不得收取费用。

抽查考核不合格的,生产单位应当立即采取整改措施。

第十六条 生产单位应当为质量安全总监和质量安全员提供必要的工作条件、教育培训和岗位待遇,充分保障其依法履行职责。

鼓励生产单位建立对质量安全总监和质量安全员的激励约束机制,对工作成效显著的给予表彰奖励,对履职不到位的予以惩戒。

市场监督管理部门在查处生产单位违法行为时,应当将生产单位落实产品质量安全主体责任情况作为判断其主观过错、违法情节、处罚幅度等考量的重要因素。

生产单位及其主要负责人无正当理由未采纳质量安全总监和质

量安全员依照本规定第四条提出的意见或者建议的,应当认为质量安全总监和质量安全员已经依法履职尽责,对质量安全总监和质量安全员不予处罚。

第十七条 生产单位未按规定建立质量安全管理制度,或者未按规定配备、培训、考核质量安全总监、质量安全员,或者未按责任制要求落实质量安全责任的,由县级以上地方市场监督管理部门责令改正,给予警告;拒不改正的,处五千元以上五万元以下罚款。法律、行政法规另有规定的,从其规定。

第十八条 本规定下列用语的含义是:

(一)工业产品是指经过工业化过程加工、制作,且用于销售的产品,不包括食品、药品、特种设备以及有特殊法管理的产品。

(二)产品质量安全是指工业产品生产单位应当保证其产品符合强制性国家标准要求以及工业产品生产许可、强制性产品认证管理规定的准入要求,且不存在危及人身健康和生命财产安全的不合理危险。

(三)工业产品大型生产单位是指从业人员一千人以上或者营业收入四亿元以上的单位;工业产品中型生产单位是指从业人员三百人以上一千人以下或者营业收入二千万元以上四亿元以下的单位。

(四)工业产品生产单位主要负责人是指本单位的法定代表人、法定代表委托人或者实际控制人。

(五)质量安全总监是指本单位管理层中负责产品质量安全工作的管理人员。

(六)质量安全员是指本单位负责产品质量安全过程控制的检查人员。

第十九条 本规定自 2023 年 5 月 5 日起施行。

二、涉产品质量典型案例

案例一

非直接购买缺陷产品的受害人有权
依法请求生产者、销售者承担赔偿责任
——奶某某诉某烟花爆竹专营店产品责任纠纷案

基本案情

2021年1月,奶某某的亲戚伍某某从某烟花爆竹专营店处购买了一批烟花爆竹。燃放过程中,其中一箱爆竹出现侧面喷射及倾倒现象,导致奶某某以及在场多人受伤。奶某某右脚被炸伤,送至医院住院治疗,住院49天。因赔偿事宜协商未果,奶某某遂起诉要求某烟花爆竹专营店赔偿其医疗费、护理费、营养费、伙食补助费、交通费等共计14万余元。

裁判结果

审理法院认为,《中华人民共和国产品质量法》第十三条规定:"可能危及人体健康和人身、财产安全的工业产品,必须符合保障人体健康和人身、财产安全的国家标准、行业标准;未制定国家标准、行业标准的,必须符合保障人体健康和人身、财产安全的要求。禁止生产、销售不符合保障人体健康和人身、财产安全的标准和要求的工业产品。具体管理办法由国务院规定。"第四十三条规定:"因产品存在缺陷造成人身、他人财产损害的,受害人可以向产品的生产者要求赔偿,也可以向产品的销售者要求赔偿。属于产品的生产者的责任,产

品的销售者赔偿的,产品的销售者有权向产品的生产者追偿。属于产品的销售者的责任,产品的生产者赔偿的,产品的生产者有权向产品的销售者追偿。"国家标准《烟花爆竹安全与质量》(GB 10631-2013)明确规定烟花爆竹在燃放时不应产生倾倒,应符合发射偏斜角的要求。本案中,案涉烟花在燃放时存在侧面喷射和倾倒现象,不符合国家标准,具有质量缺陷。缺陷产品造成人身、财产损害时,受害人有权请求生产者和销售者承担责任。受害人既包括直接购买并使用缺陷产品的人,也包括非直接购买使用缺陷产品但受到缺陷产品损害的其他人。奶某某虽非直接购买人,但属于因产品缺陷受到损害的人,其就人身损害请求赔偿具有事实和法律依据。法院判决某烟花爆竹专营店向奶某某支付医疗费、护理费、营养费、伙食补助费、交通费等各项损失共计13万余元。

典型意义

产品责任是产品存在缺陷导致人身或者财产损害,生产者、销售者应当承担的赔偿责任。缺陷产品侵权纠纷中受害人既可能是产品的购买者,也可能是购买者之外的其他人。本案认定非直接购买使用缺陷产品但受到缺陷产品损害的受害人有权向产品生产者、销售者请求赔偿,符合法律规定,对于督促生产者提升产品质量、销售者销售合格产品,保护受害人权益具有积极意义。

案例二

销售有效成分含量与包装标识严重不符的化肥构成消费欺诈的,应承担惩罚性赔偿责任

——敬某诉某生物科技有限公司、魏某产品责任纠纷案

基本案情

2022年3月,敬某种植打瓜需购买化肥,在某生物科技有限公司

处购买钾肥 99 吨,共计支付货款 435600 元。2023 年 3 月,敬某认为 2022 年度打瓜减产与使用该化肥有关,随即联系该公司要求对上述钾肥进行质量成分检测。2023 年 3 月 28 日,某生物科技有限公司指派人员与敬某共同委托某地产品质量监督检验研究院进行检测,检验结论为水溶性氧化钾的质量分数为 27%,硫的质量分数为 12%,氯离子的质量分数为 13.1%,不符合国家标准《农业用硫酸钾》(GB/T 20406-2017)的规定,也与包装袋上载明的硫酸钾≥51%,硫≥17%,氯离子≤1.5%的成分标识严重不符。敬某与某生物科技有限公司多次协商未果后,起诉请求某生物科技有限公司退还化肥款并支付货款三倍的赔偿金。

裁判结果

审理法院认为,《中华人民共和国产品质量法》第二十七条规定:"产品或者其包装上的标识必须真实,并符合下列要求:(一)有产品质量检验合格证明;(二)有中文标明的产品名称、生产厂厂名和厂址;(三)根据产品的特点和使用要求,需要标明产品规格、等级、所含主要成份的名称和含量的,用中文相应予以标明;需要事先让消费者知晓的,应当在外包装上标明,或者预先向消费者提供有关资料;(四)限期使用的产品,应当在显著位置清晰地标明生产日期和安全使用期或者失效日期;(五)使用不当,容易造成产品本身损坏或者可能危及人身、财产安全的产品,应当有警示标志或者中文警示说明。裸装的食品和其他根据产品的特点难以附加标识的裸装产品,可以不附加产品标识。"第三十六条规定:"销售者销售的产品的标识应当符合本法第二十七条的规定。"案涉钾肥有效成分含量与包装标识严重不符,违反法律规定。根据国家市场监督管理总局《侵害消费者权益行为处罚办法》第五条、第六条和第十六条规定,经营者在销售的商品中以假充真、以次充好,或以虚假的商品说明、商品标准等方式销售商品,以及夸大所提供商品的质量、性能等与消费者有重大利害关系的信息误导消费者属欺诈行为。本案中,某生物科技有限公司作为钾肥的经营者,没有向敬某提供产品的真实信息,其销售的钾肥有效成分含量等质量性能指标与外包装标识严重不符,误导消费者购买化肥,其行为已经构成欺诈。故根据《中华人民共和国消费者权益保护法》第五十五条第一款、第六十二条规定判决某生物科技有限公司退还敬某化肥款并支付货款三倍的赔偿金。

典型意义

消费欺诈惩罚性赔偿制度设立的主要目的是对经营者欺诈行为予以惩罚,并威慑、警告其他经营者,防止欺诈行为发生,净化市场环境。化肥、农药等农资产品质量关乎农业生产和农民收入,涉及到广大农民群体的切身利益。本案中,农资经营者向农民销售的化肥产品与国家标准严重不符,化肥有效成分含量与包装标识严重不符,已构成欺诈行为,审理法院依法适用"退一赔三"惩罚性赔偿制度,判决经营者承担惩罚性赔偿责任,态度鲜明地依法打击坑农害农行为,营造健康有序的农资市场环境,切实保障农民合法权益,为推进乡村全面振兴提供有力的司法服务和保障。

案例三

经营者销售假种子未尽质量查验义务应担责
——某种子商场诉某县农业农村局行政处罚案

基本案情

2022年1月,某县农业农村局行政执法大队对某种子商场开展农作物种子质量监督抽查,经检验被测样品与农业农村部征集审定品种标准样品不同。某县农业农村局对该种子商场以涉嫌经营假种子立案调查。经查,某种子商场存在经营假种子的问题。2022年7月,某县农业农村局对某种子商场作出行政处罚决定,没收122袋假种子和违法所得,并处罚款58万余元。某种子商场不服,以种子零售商对经营种子的质量和真伪没有检验义务、自身无过错为由,向人民法院提起行政诉讼,请求撤销行政处罚决定。

裁判结果

审理法院认为,某县农业农村局作为政府农业农村行政主管部门主管辖区农作物种子工作,有对辖区内从事品种选育和种子生产、经营、使用、管理等活动中的违法行为作出行政处罚的法定职责。《中华人民共和国种子法》第四十八条第一款规定,禁止生产经营假、劣种子。该条第二款第二项规定,种子种类、品种与标签标注的内容不符或者没有标签的,属于假种子。某种子商场作为销售者,所销售的种子存在生产经营许可信息未标注或与许可证载明内容不一致、品种审定编号不正确的情况。生产经营假种子是法律明令禁止的行为,对种子的标签标注内容进行查验属于种子经营者应尽的义务,某种子商场并未尽到其应尽的查验义务。某县农业农村局综合考虑其违法行为后果、违法经营货值和违法品种数量等事实作出行政处罚,履行了受案、传唤询问、调查取证、陈述申辩听证权利告知、集体讨论决定作出处罚、送达等法定程序,处罚不存在过当情形。法院判决驳回某种子商场的诉讼请求。

典型意义

仓廪实,天下安。种子作为重要的农资,是粮食安全的基础。为确保粮食安全和农业生态安全,种子相关的生产经营活动应受到严格管理。《中华人民共和国种子法》明确禁止生产经营假、劣种子,种子产品经营者对所销售种子的标签标注内容有查验义务,否则将依法承担法律责任。本案判决彰显了坚决支持农业农村主管部门依法打击生产经营假、劣种子等违法行为的鲜明司法导向,对引导种子经营者依法依规经营、保护农民合法权益、捍卫粮食安全具有重要意义。

案例四

经营者对于产品存在缺陷造成的损害
不因产品过保修期而免责

——檀某某诉某农业机械销售有限公司产品责任纠纷案

基本案情

2021年5月18日,檀某某在某农业机械销售有限公司购买一台联合收割机,支付28万元价款,保修期为出售之日起12个月。2022年9月16日,该收割机着火自燃。消防部门经勘测调查作出调查认定书,列明"起火部位为收割机后侧,起火点为收割机左后侧下方,起火原因为电气线路故障引燃周围可燃物蔓延成灾"。事故发生时该收割机已使用16个月。经人民法院委托鉴定机构出具评估报告认定,火灾事故给檀某某造成的损失为202200元。因协商无果,檀某某起诉请求依法判令某农业机械销售有限公司赔偿其车辆损失202200元。

裁判结果

审理法院认为,《中华人民共和国民法典》第一千二百零二条规定:"因产品存在缺陷造成他人损害的,生产者应当承担侵权责任。"第一千二百零三条规定:"因产品存在缺陷造成他人损害的,被侵权人可以向产品的生产者请求赔偿,也可以向产品的销售者请求赔偿。产品缺陷由生产者造成的,销售者赔偿后,有权向生产者追偿。因销售者的过错使产品存在缺陷的,生产者赔偿后,有权向销售者追偿。"案涉收割机发生事故时虽已购买16个月,但收割机电气线路故障为危害人身、财产安全的不合理危险,属于产品缺陷,不因超过12个月保修期而免除责任。法院判决某农业机械销售有限公司赔偿檀某某损失202200元。

典型意义

本案为一起涉农用机械产品缺陷引发的产品责任纠纷。妥善处理每一起涉农资产品责任纠纷，确保农机产品质量过硬、农业生产秩序良好，以司法手段护航农业生产是人民法院应尽的职责。即使产品过了保修期，如果产品存在危及人身财产安全的重大产品缺陷，生产者仍然应当依法承担责任。农业机械是农民的重要生产工具和财产，本案依法判决经营者赔偿农机产品缺陷造成的损失，对于维护农民合法权益、保护农业生产具有积极意义。

案例五

制售不符合安全标准的食品构成犯罪的，应依法承担刑事责任

——谢某生产、销售不符合安全标准的食品案

基本案情

2021年7月，被告人谢某经营某烤鸭店，主要销售凉菜、卤煮熟食等食品。在开业促销活动中，因低价促销，购买消费者多，售卖窗口没有及时关闭，室内温度过高，导致食物滋生细菌，且有的食材超过保质期，多人购买食用后出现身体不适，10人以上出现食物中毒症状送医治疗。经检验，在当天抽检的40份单品中，11批次凉菜检测出"大肠菌群""金黄色葡萄球菌"，17批次"金黄色葡萄球菌"超出标准限值，鸡翅、烤鸭亚硝酸盐严重超标。2022年4月18日，被告人谢某自动投案，如实供述自己的罪行。检察机关对谢某依法提起公诉。

裁判结果

审理法院认为，被告人谢某生产、销售的食品不符合食品安全标准，对人体健康造成严重危害，致使10人以上出现食物中毒症状并送医治疗，其行为已构成生产、销售不符合安全标准的食品罪。根据